学霸高效学习法

40分钟
脑科学
听课法

陈方俊 著

古吴轩出版社

图书在版编目（CIP）数据

学霸高效学习法. 40分钟脑科学听课法 / 陈方俊著
. -- 苏州 ：古吴轩出版社，2022.8
ISBN 978-7-5546-1914-8

Ⅰ．①学… Ⅱ．①陈… Ⅲ．①小学生－学习方法
Ⅳ．①G622.46

中国版本图书馆CIP数据核字（2022）第034442号

责任编辑：顾　熙
见习编辑：张　君
策　　划：马剑涛　汲鑫欣
版式设计：崔　旭

书　　名：学霸高效学习法.40分钟脑科学听课法
著　　者：陈方俊
出版发行：古吴轩出版社
　　　　　地址：苏州市八达街118号苏州新闻大厦30F
　　　　　电话：0512-65233679　　　邮编：215123
印　　刷：唐山市铭诚印刷有限公司
开　　本：880×1230　1/32
印　　张：20
字　　数：336千字
版　　次：2022年8月第1版　第1次印刷
书　　号：ISBN 978-7-5546-1914-8
定　　价：148.00元（全4册）

如有印装质量问题，请与印刷厂联系。022-69236860

目录

本书主要人物介绍

小豆芽：男孩，三年级，聪明伶俐，活泼开朗，但有点儿骄傲，得理不饶人。

虫虫：男孩，四年级，性格憨厚，乐于助人，十分有耐心。学习认真刻苦，但缺少好方法，效率低。

闹闹：男孩，三年级，调皮捣蛋，粗心马虎，爱耍小聪明，但胆子大，敢于尝试，勇于承认错误。

张小喵：女孩，五年级，思维活跃，办法很多，但性格急躁，爱抱怨，爱生气。

第一章

学霸们都在用的
课前预习法

I

好成绩从预习起步

小豆芽利用课间时间预习新课文，却遭到闹闹的嘲笑。结果，在语文课上，贪玩儿的闹闹因为没预习被老师批评了一顿。

"你在看什么呢？现在是课间休息，咱们去踢球吧！"刚下课，小豆芽本想预习一下语文的新课文，闹闹却跑过来拽着他去操场踢球。

"不行！我还要预习课文呢！"小豆芽摆摆手。

"真是的，成天就知道学习！"闹闹说。

"你也太贪玩儿了吧，一会儿就要上课了。"小豆芽说。

上语文课时，闹闹因为没有预习而回答不出问题，被语文老师批评了一顿。

"我多次强调过预习的重要性！你问问班里那些成

绩优异的同学，哪一个不是认真对待预习📖的？"语文老师严厉地说。

"老师，我知道错了。"闹闹一下子就蔫了。

下课后，闹闹主动凑到小豆芽身边，诚恳地说："小豆芽，你教教我怎么预习吧！"

"好啊！"小豆芽真诚地说。

于是，小豆芽把自己的预习诀窍教给了闹闹。他说："我每次预习都会把课文读三遍📖。"

"三遍？为什么❓读这么多遍？"闹闹问。

"为了熟悉课文啊！"小豆芽接着说，"读第一遍时我的速度比较快🏹，目的是把课文中的基础知识🔢消化掉；读第二遍时我会认真一些，边读边思考❓；读第三遍时我就更认真了，因为要分析课文，找出重点和难点，这样我听课的时候才更有目的性，会学得更扎实⚓。"

"怪不得老师提的问题你都会呢，原来预习的时候都思考过了呀！"闹闹茅塞顿开💡。

"对呀，预习的好处还多着呢，你坚持一段时间📅后就知道了！"小豆芽说。

学习有方法

预习可以培养我们的自学能力、提升听课效率、拓展思路、提高成绩等。那么，我们该如何预习呢？

提前了解我们将要学习哪些新知识、新概念，了解这些知识的难易度，看看自己能预习到什么程度。●

浏览内容

● 我们把需要学习的内容认真看一遍，找到新知识与旧知识之间的联系，及时巩固旧知识，为掌握新知识打下基础。

认真细读内容

我们要在深入思考后，找出自己无法理解的难点、重点等。●

分析内容

● 预习结束后，我们要总结自己的收获、见解和疑问。

总结预习成果

要点提示

预习要避免太细致或者太粗糙

预习并不等于自学：自学是自己消化吸收所有的知识；预习是为上课做准备的，目的是提升听课效率，所以不需要学得太细致。当然，我们也不能预习得太粗糙，否则听课效果会大打折扣。

避免用预习代替上课听讲

有的同学预习之后觉得自己无所不会，于是上课时就不认真听讲，错过了老师讲的重点、难点和答题技巧等，这就颠倒主次了。无论我们预习得多么充分，上课时都要认真听讲，跟着老师的思路走才能有更多收获。

2

闹闹发现小豆芽正在写 预习笔记，就说他多此一举，可是其他同学却十分欣赏小豆芽写预习笔记的做法，还说要向他学习呢！这到底是怎么回事呢？

"咦，你在写什么 呀？"课间，闹闹发现小豆芽在本子上写着什么，便好奇地问。

"预习笔记呀！"小豆芽头也不抬地说。

"哈哈哈，预习还用做笔记？"闹闹大笑着说。

"看来你还是理解不了 我做的事情！"小豆芽一边说，一边无奈 地摇摇头。

"你真是多此一举！"闹闹扭头走开了。

一个男同学听到他们的谈话，十分好奇 ，因为他还从来没见过预习笔记呢！他凑到小豆芽的身边，问道："小豆芽，为什么预习还要做笔记啊？"

"如果不做笔记，那我们不就很容易忘记自己预习了什么吗？"小豆芽边写边说。

"哦，怪不得我明明预习了，可上课的时候却什么也想不起来呢！"男同学觉得小豆芽说得太对了。

"小豆芽，你能教教我怎么做预习笔记吗？"男同学问。

"其实做预习笔记很简单。"小豆芽指着自己的本子告诉他，"就是把自己的预习内容分板块记录下来。比如，我的预习笔记分为四个板块——基础区、重点区、难点区和感悟区。"

"让我猜猜。"男同学说，"生字词就写在基础区，重点内容写在重点区，不理解的知识写在难点区，你的心得和想法写在感悟区，对不对？"

"太对了，就是这么回事！"小豆芽笑着说。

"可是，为什么有些内容你写得不太具体呢？"男同学又问。

"因为这只是预习笔记，只要简单记录或者挑重点记录就可以了。"小豆芽解释道。这时，好几个同学都围了过来，听小豆芽讲预习笔记的事。

"哦，原来是这样啊　　　，我还担心做预习笔记会花费太多时间　　呢！"男同学笑着说。

这时，闹闹走了回来，他看见好几个同学围在小豆芽的座位旁，就问道　　："你们在干什么呢？"

"你快来看，小豆芽的预习笔记做得特别好，我们都想学一学　　呢！"男同学对闹闹说。

闹闹从同学们的手中拿过本子认真看了看，说："是挺不错的　　。不过，老师也没要求咱们做预习笔记啊！"

"可是，做了预习笔记成绩会更好呀，就像小豆芽一样。"男同学说。

"那我也要做预习笔记　　。"闹闹也想有个好成绩　　。

学习有方法

那么，预习笔记该怎么做呢？都记些什么内容呢？

预习每一学科时，我们都会学到一些基础知识，我们应该把这些内容简单记录下来，或者挑重点记录。 **记录基础知识**

在预习的过程中，我们总会遇到难题，产生疑惑，把它们记录下来，这样，一来能让我们听课的时候更认真，二来能让我们利用学到的知识和方法有针对性地解决疑难问题，从而巩固知识。 **记录疑问**

预习功课时，我们可能会产生一些灵感、体会等，把它们及时记录下来能让我们更有成就感，也能让我们更喜欢做预习笔记。 **记录灵感**

预习笔记写在哪里合适呢？

　　我们可以写在专门的预习本上，这样更方便我们查看。

灵活地写预习笔记

　　我们可以根据自己的具体情况灵活地写预习笔记。比如时间紧迫时，我们只需要记录重点和难点；时间充裕时，我们可以记录整个预习过程。此外，我们也可以根据自己的喜好记录预习笔记，如记录自己喜欢的词句、自己解答一道习题的过程、自己的预习感受等。

3

课本+参考书，预习的好帮手

　　借助参考书，预习起来会更容易，但闹闹预习时只看参考书，小豆芽说他这是本末倒置。

　　"大功告成 ✌ ！"课间，坐在小豆芽前面的男孩做完了预习笔记，他刚把数学书收起来，却看见小豆芽正抱着两本书在做预习，一本是数学课本，另一本是参考书 📖 。他忍不住问道："小豆芽，我能看看你的参考书吗？"

　　"能呀 ✋ ，看吧！"小豆芽大方地把参考书递给他。

　　男孩翻了翻，发现比课本上的内容丰富多了。"哇 ✨ ，这本参考书讲得好详细啊！"

　　"对呀，参考书就像老师一样。"小豆芽笑着说 😊 。

　　"我也要买一本这样的参考书，这样预习起来就更高效 📈 了。"男孩羡慕地说。

"让我看看 ！"闹闹一把夺过男孩手里的书。

闹闹随便翻了翻就把书丢在小豆芽的书桌上，然后跑回座位，把自己的参考书拿了过来，得意地说："看看我的参考书！"

男孩和小豆芽都凑过来看闹闹的参考书，只见上面有提纲、知识点解析与拓展 、学习方法、课本习题分析、练习题等，比小豆芽的参考书还要全面。

"哇， 真的很不错啊！"小豆芽和男孩异口同声地说。

"自从有了这本参考书，我预习的时候连数学课本都不用看了 。"闹闹得意地说。

"预习是要以课本为主，以参考书为辅的，你这样做简直就是本末倒置 ！"小豆芽叹着气说。

"那预习时该怎么用参考书呢？"闹闹纳闷儿地问 。

"当然是先看课本预习，等把课本上的新知识理解了，对于疑难问题可以再用参考书补充预习。"小豆芽告诉他。

"好吧，我知道了。"闹闹挠着头说，他突然觉得自己的参考书也没那么厉害了 。

学习有方法

预习时可以把课本和参考书结合使用，有助于我们学得更快、更好。但是，我们应该如何利用参考书来预习呢？

我们预习时一定要以课本为主。

预习时以课本为主

借助参考书答疑

我们在预习过程中遇到难题、难点时，可以借助参考书打开思路。

预习完课本上的新内容后，我们可以看看参考书上有哪些延伸的知识点、学习方法等，来拓宽我们的眼界。

参考延伸

适当做题巩固

参考书上还有配套的习题，我们可以试着做一些简单的习题来巩固预习的知识。

要点提示

选择合适的预习参考书

参考书有很多种类，如以习题为主的、以知识点讲解为主的、补充教材内容的等。预习时我们应该选择以补充教材内容为主的参考书，这类参考书能为我们提供更多的拓展知识。

分析课本和参考书的侧重点

利用课本和参考书做预习时，我们要主动思考和分析参考书与课本的区别及各自的侧重点，有选择性地吸收参考书中的知识。

要有敢于质疑的态度

在使用参考书时，我们要对书中的知识、方法等持质疑的态度，这对提高我们的分析能力和探究能力有一定的帮助。

4

有趣的"圈点预习法"

小豆芽在语文书上画了很多圆圈、曲线、三角形 等符号。语文老师不希望学生在书页上乱画，可是当老师看到小豆芽的书后，不但没有生气，反而夸他做得好。这到底是怎么回事呢？

下一节即将上的是语文课，课间，小豆芽早早就把语文书拿出来放在桌上。这时，一个男孩凑到他面前，想向他请教一些听课方法，因为这个男孩上课时总是听不懂 老师讲的内容。

小豆芽说："我觉得这是因为你没做好预习 。"说着，他把自己的语文书拿给男孩看。男孩打开书，发现书页上画了很多圆圈、曲线、三角形等符号，空白处还写着很多字。

男孩还没来得及和小豆芽讨论，闹闹过来了。他看到小豆芽书上的标记后，想都没想就嚷嚷道："好呀，你居然敢在语文书上乱画！"闹闹的大嗓门一喊，好几个同学跑过来看小豆芽的语文书。小豆芽有点儿不高兴了，瞪了闹闹一眼，他最不喜欢闹闹这样像个小喇叭似的做法。

几个同学们说着"让我看看"，都想看看小豆芽的书。闹闹的动作飞快，一下子就把书从小豆芽的手里夺了过来，一不小心把小豆芽的书撕坏了一页。

"看看你干的好事！"小豆芽生气极了，他真希望闹闹能改掉这种毛毛躁躁的习惯。

大家正在吵吵嚷嚷，语文老师来了。闹闹大声对老师说："老师，小豆芽不听话，在语文书上乱写乱画！"

语文老师听了闹闹的话，表情立刻严肃起来。她最不希望同学们在书上、作业本上乱写乱画了。可是当老师拿起小豆芽的书一看，表情立刻从严肃变得和蔼起来，还露出欣慰的笑容。

老师问小豆芽这些圆圈、三角形、曲线等符号分别代表什么意思。小豆芽指着书上的标记说："圆圈是我不认识的生字，三角形是我喜欢的词语，曲线是我不太懂的内容。"

原来，闹闹口中的"乱写乱画"是小豆芽预习时特意做的标记啊！

"真是太棒了！"老师把小豆芽的书递给同学们，让他们依次传阅，还说，"以后我们预习新 new 课文时也要按照小豆芽的方式来。"

至于闹闹嘛，他不分青红皂白地告状，还把小豆芽的书撕坏了，老师让他把小豆芽的书粘好，还说："你还要把学过的课文全部圈画一遍！"

"我知道了。"闹闹红着脸，小声地回答。

学习有方法

好记性不如烂笔头，我们的预习标记该怎么做呢？

要确定几个简单明了、长期使用的标记
符号。 **确定标记符号**

注明符号的含义 要在书上写清楚哪种符号代表哪种知识
点或者问题，以免自己混淆。要注意，圈点的
地方不能太多，否则我们就很难看出哪些是重
点了。

我们要集中精力预习知识而不是把时间
浪费在做标记上。 **集中精力预习**

预习时还要做文字批注，记录下自己预
习时的思考，这样能加深我们对知识的理解。
做文字批注

要点提示

预习新知识不是一览而过，而是要做到"三步走"。

第一步

圈画批注出生字、生词、新公式、新概念、基础常识等，这有助于我们整体了解新知识的基本内容。

第二步

圈画出难点和疑点。

第三步

对知识点做批注，比如写下自己的学习感悟，记录自己的思考过程，写下自己对知识点的质疑，等等。

用不同颜色的笔圈画

圈画时，我们可以用不同颜色的笔做标记，这样更明了，也更容易突出重点。

5

像老师一样讲出预习内容

闹闹预习完《山行》后，本来打算讲给爸爸妈妈听的，可是一张嘴就磕磕巴巴、频频出错。他赶紧再次预习，查漏补缺，第二次的讲述非常完美，爸爸妈妈对他称赞不已。

把预习成果讲给爸爸妈妈听，真的能帮助我们巩固预习内容呢！

明天要学古诗了，闹闹提前预习了一遍《山行》这首古诗。

"爸爸妈妈，我给你们讲一讲《山行》这首古诗吧。"闹闹自信地说。

"好呀，请开始讲吧！"爸爸妈妈坐在沙发上，等着闹闹展示自己的预习成果。

闹闹清了清嗓子，看着参考书 说："这首诗是唐朝诗人杜牧写的……"

他刚讲到这里 ，爸爸就说："你既然要讲解这首古诗，就要用自己的话来讲，不能照着参考书念呀。"

闹闹一下子就没了自信 ，磕磕巴巴地继续说："诗人来到一座山下 ，看到了山上的美景，于是写出了这首诗。诗人沿着山路上山来，看到弯弯曲曲的山路 一直伸向远方……然后诗人停下马车，坐下来看风景……这傍晚的枫林 真漂亮呀，枫叶看起来比二月的花还要鲜艳呢。"终于讲完了，闹闹松了一口气。

"诗人为什么 要坐着看风景呢？"妈妈问他。

"啊……"闹闹被难住了，他看了看书，发现自己把"坐"这个字解释错了，于是马上纠正说，"诗人没有坐下，是站着 看风景的。"

"咦，你说的怎么和刚才不太一样啊？"妈妈故意做出非常疑惑的样子 。

"算了算了，我还没准备好呢，等会儿再给你们讲吧！"闹闹害羞地跑回房间，赶紧确认自己不熟悉的知识点去了。

他把诗句中的重点字词理解透彻后，又列了一个讲述提纲，把自己要讲的内容一条一条地写清楚 🖊，然后练习了好几遍。

过了一会儿，他又来到爸爸妈妈面前说："好了，这一次我准备好了😜！"

"那就开始讲吧GO！。"爸爸妈妈说。

他根据讲述提纲的提示，把《山行》这首诗的内容完整地给爸爸妈妈讲述了一遍。

"这一次讲得既准确💛又流利，值得表扬👏！"妈妈笑着说。

"你们还有什么问题或者建议吗？"闹闹问爸爸妈妈。

"如果你的声音再洪亮一点儿 👄 就更好了。"爸爸说。

"还有，你的表情需要再丰富一些。"妈妈建议道。

"好的，下次我一定改进。"闹闹高兴地说😁。

学习有方法

把预习过的内容讲给爸爸妈妈听，不仅可以检验我们的预习成效，还可以锻炼我们的表达能力，真是一箭双雕呢！

熟练掌握知识点，这样讲述起来才能少 **做好预习准备**
出错。

整理好思路 我们要整理好思路，规定讲述范围，列出讲述提纲，这样讲述起来才更有条理、更清晰。

讲述完毕后，我们要向爸爸妈妈询问自 **虚心听取意见**
己的不足之处，虚心听取意见。

二次讲述 我们要根据爸爸妈妈的意见补充预习，并进行第二次讲述，这样可以达到良好的预习效果。

要点提示

讲述预习内容时要自信

　　我们向爸爸妈妈讲述预习内容时要像老师一样自信，让爸爸妈妈跟着我们的思路走，这样更能锻炼我们的预习能力和语言表达能力。不过，我们不需要像老师那样讲得那么详细，而是抓重点、难点讲。比如，我们可以重复讲述自己必须记住的内容，多次讲述自己不太熟悉的知识等。

任何事物都可以成为我们的听众

　　除了爸爸妈妈，同学、家里的宠物、书桌、文具盒等都可以成为我们的听众，而且面对一些无声听众时，我们讲述起来可能更自如、更轻松。

第二章

好学生都喜欢的
课堂听讲方法

老师的思路是指挥棒

> 小豆芽的同桌和闹闹听课时总是丢三落四的，导致不是听不懂，就是没抓住重点，小豆芽说这都是他们没有跟着老师的思路走的缘故。

数学老师正在讲课，小豆芽听得特别认真。

"刚才老师讲的我没听懂，你能再给我讲讲吗？"同桌小声地问小豆芽。

"嘘！"小豆芽低声告诉他，"等下课再说，你先继续听，别分散注意力。"

"丁零零……"终于下课了，同桌赶紧摇着小豆芽的胳膊说："快给我讲讲这个知识点，从这里开始我都没有听懂！"

"这个知识点啊，老师不是讲了三遍×3吗，你怎么还没听懂呢？"小豆芽不可思议地说。

"什么？三遍？可是我只听到一遍啊！"同桌的脑袋里有很多问号（???）。

"你没听到老师说'大家注意 ⚠ ''我再讲一遍''再听一遍'这三句话吗？"小豆芽问他。

"我只听到了'大家注意'，后面的都没有听到。"同桌失落地说。

"哎呀，你一定是第一遍没有听懂就灰心了💔，结果连后面两遍都错过了。"小豆芽说，"下次听课你一定要跟着老师的思路走，不能因为一个知识点听不懂就放弃。"

"我知道了。"同桌觉得小豆芽说得很对⭐。

小豆芽刚要给同桌讲解知识点，闹闹突然走过来，对着小豆芽的同桌说："你是不是又没听懂？今天学的知识对我来说实在是太简单了，不就是计算正方形 ▢ 和长方形 ▨ 的周长嘛，我昨天预习的时候就学会了！"

小豆芽瞥了他一眼，没好气地说："那你知道正方形和长方形周长的计算公式是怎么来的吗？"

闹闹转了转眼珠，尴尬地说："这种事情我怎么可能知道啊，我只要会做题就行了。"

"老师已经讲过这些公式的推导过程　了，你上课的时候又走神儿了吧？"小豆芽吐槽道。

"奇怪，他是怎么知道的？"　闹闹心虚地想。

"上课不能只听一两个结论、一两道题，要听老师的整个思路　，这样才能学得更好。"小豆芽告诉他的两个好朋友。

"嗯，今后我们照你说的做　！"闹闹和小豆芽的同桌同时说道。

学习有方法

想提高听课效率，我们上课时就要跟着老师的思路走。可是，我们怎么做才能跟上老师的思路呢？

老师讲课有紧密的逻辑，会让所讲的知识在我们的头脑中形成一个体系。

跟着老师的逻辑

跟上老师的速度

上课时，老师的讲课节奏会有所变化，有时快，有时慢，我们要紧紧跟上，别掉队。如果遇到听不懂的内容，等到课后再查漏补缺。

老师在讲课的过程中总会用到一些提示语，这都是老师在提醒学生要跟着他的思路走。

注意提示语

要点提示

　　老师的思路就是课堂的指挥棒，老师说到哪里，我们就要想到哪里，这样才能听得更入神，学得更通透。想跟上老师的思路，我们还有两个注意点：一个是信任，另一个是思考。

信任老师

　　我们要信任老师的能力，跟着老师的思路走，在老师的指引下掌握新知识和新方法。

积极思考

　　我们上课时要边听边思考。比如，老师为什么讲这个内容，为什么用这种方法解题，为什么说这是重点，等等，这样思考能让我们更高效地听课、更主动地学习。

2

不懂的地方要重点听

　　闹闹和同桌前一天在预习功课时都碰到了难题，但第二天上完数学课后，同桌把难题给解决了，闹闹却毫无进展。这到底是怎么回事呢？

　　这天晚上，闹闹的同桌预习功课时碰到一道拿不准的题目，他在书上做好记录，等着第二天在课堂上认真听老师讲解。

　　上数学课时，老师对大家说："现在我要讲习题了……"闹闹的同桌一听，这不就是自己昨天预习时拿不准的那道题吗，他赶紧竖起耳朵听着，唯恐漏掉任何一个重要的字词。

　　"如果在一块长方形田地的四周围上篱笆，那需要多长的篱笆呢？"老师问大家。

　　"直接算一算这块田地的周长就可以啦！"闹闹大

声回答。

"非常正确！可是，如果这块田地有一个边是靠着墙的，那需要多长的篱笆呢？"老师又问。

小豆芽举手了，他站起来回答："图上不是画出来了吗，较长的一边不需要篱笆，那就用田地的周长减去那一边的长度就可以了。"

"你说得对！如果这道题目没有画图，又该怎么做呢？"老师问道。

这正是闹闹同桌的疑惑，因为田地的哪一边靠墙都是有可能的。

"那就写两种答案！"小豆芽说，"一种答案是这块田地的长边靠墙，另一种答案是这块田地的短边靠墙。"

"真是太棒了！你考虑得很全面。"老师高兴地说。

闹闹的同桌一边听一边记笔记，他已经抓住这种题型的关键点了，以后碰到这类题肯定不会做错的。

下课后，同桌正在整理课堂笔记，闹闹突然探过头问他："这道题怎么做呀？"

"老师不是讲过了吗？"同桌说。

"啊？我怎么没听见？"闹闹上课时净顾着为自己已经听

懂的内容兴奋了 ，没把注意力放在自己不懂的习题上。

　　"唉，你呀，以后听课一定要把自己不懂的地方当作重点
听 ！"同桌告诉他。

　　"好吧，我知道了！"闹闹也觉得自己太不会听课了。好
在有同桌的帮助 ，他才把那道题解答出来。

学习有方法

　　预习是为了提前消化简单的知识，找出不懂的地方，然后我们在课堂上听讲时分清主次，提高听课效率。那么，我们在课堂上应该怎么做才能把那些不懂的知识弄懂呢？

　　预习时我们要弄清楚自己到底是哪里不懂，这样听课时才更有针对性。

预习时理清问题

　　老师在讲解某个难点时，我们要把老师的思路与我们自己的思路进行对比，这样更容易发现自己的不足，掌握难点。

反思不足

　　如果我们在课堂上依然没有听懂某个难点，就要及时、主动向老师或同学请教。

及时请教

　　解决了某个难点后，我们要及时做总结。

及时总结

要点提示

两种方法解决听课卡壳现象

很多同学在听课时会出现卡壳的情况，听着听着突然在某个环节听不懂了。这时我们有两种解决方法：一种是马上举手向老师提问，让老师解释得更详细、透彻一些；另一种是在书本上做好标记，课后再向老师、同学请教。

新旧知识相结合是关键

课堂上遇到听不懂的内容，主要是我们对以前学过的知识点不太熟悉导致的，所以听课时我们要把新课和旧课的内容联系起来，注意听老师是怎样将新旧知识结合起来的，这样才能学得更扎实。

3

适应老师的讲课风格

闹闹一直不太喜欢语文老师的讲课风格，顺带着连语文这门学科都不太喜欢了。让他惊讶的是，邻居张小喵曾经也不喜欢自己的语文老师的讲课风格，但她的语文成绩非常好，这是怎么回事呢？

周末，闹闹和张小喵在公园里玩耍。

"我最不喜欢语文老师的讲课风格了，每次上语文课我都特别紧张！"闹闹向张小喵抱怨道。

张小喵上五年级了，各科成绩都很好，她说："你该不会是因为这个所以语文成绩不好吧？"

"可不就是因为这个嘛！"闹闹气鼓鼓地说。

"告诉你吧，我曾经也不太喜欢我们班语文老师的讲课风格。可是，后来我越来越喜欢上语文课，我的语文成绩一直都不错。"张小喵告诉闹闹。

"为什么？"闹闹觉得张小喵太厉害了 。

"因为我学会了努力主动适应语文老师的讲课风格啊！"张小喵说，"我总结过，我们有时候抱怨老师这不好、那不好的，其实可能是我们自己有问题！"

闹闹挠了挠头，觉得张小喵说得有道理，就向她取经。

"那你是怎么适应语文老师的讲课风格的？"闹闹问道。

"其实很简单，就是跟着老师的思路走 ，积极思考，踊跃回答问题，时间长了就习惯了，每节课都收获满满 呢！"张小喵说。

"可是，我们语文老师讲课节奏 特别快，我跟不上怎么办呀？"闹闹焦虑地说。

"那就要好好预习，预习得越充分 ，上语文课就越有意思。"张小喵告诉他。

"也只能这样了 ！"闹闹知道，他想学得好就必须努力适应老师的讲课风格，否则一切都是白搭。

"你的语文老师曾经给我们上过语文课，她讲课是有很多优点的 。"张小喵说，"比如经常提问，这不仅能让你避免上课走神儿，还能引导你多思考、多分析呢 ！"

"说得也对。有好几次语文老师让我回答问题时，都正好赶上我走神儿呢，老师一叫我的名字闹闹，我就立刻回过神儿来了。"闹闹回忆着说。

"所以啊，你还要感谢语文老师有这样的讲课风格呢！"张小喵笑着说。

"哈哈，还真是这样！"闹闹也笑了。

学习有方法

每一位老师都有自己的讲课风格，面对不同讲课风格的老师，我们该怎么主动适应呢？

提问型老师。这类老师特别喜欢提问，面对这类老师，我们要充分预习，积极回答问题，这样才能跟得上老师的思路，学得更扎实。

充分预习

主动互动

照本宣科型老师。这类老师讲课风格比较沉闷，面对这类老师，我们就要在课前积极预习基本知识，在课上认真听老师的总结、心得等，听不明白时要主动发问，与老师互动。

言简意赅型老师。这类老师讲课时语言简练，重点突出，我们必须集中注意力认真听。

集中精力听课

不要挑剔老师

俗话说："师傅领进门，修行在个人。"不论老师的讲课风格如何，我们都不能一味地挑剔、埋怨，而要做好自己应做的事。其实，我们与其挑剔老师讲课方式的不足，不如想办法主动适应老师，发现老师的优点，跟着老师的思路走，让自己变得更优秀。

调整自己的听课状态

我们还要学会根据老师的讲课方式调整自己的听课状态。比如，有的老师喜欢多讲内容，我们就要学会区分内容的主次，主要内容认真听，次要内容放松听，以缓解我们紧张的情绪。

4

语文课的听课小方法

闹闹觉得语文课没什么意思，小豆芽却听得津津有味。小豆芽说他从老师的讲解中感受到了课文中描述的美好画面。原来，上语文课除了听、写、思之外，还需要感受呢！

语文课上完了，但小豆芽还沉浸在课文中，他坐在座位上托腮沉思。

"唉，这节语文课上得太没意思了，我什么都没有记住！"闹闹皱着眉头对小豆芽说，可是小豆芽一点儿反应也没有。闹闹推了推他的胳膊，说："你在想什么呢，这么入神？"

"我在想那只可爱的翠鸟。"小豆芽笑着说。

"什么翠鸟？"闹闹都被小豆芽的话搞糊涂了。

"哎呀，就是课文里的那只翠鸟啊！"小豆芽说。

"原来是《搭船的鸟》里的翠鸟呀！我怎么没觉得它可爱呢？"闹闹每次上完语文课都觉得收获特别少，只能掌握一些字词。

"那是因为你没有好好听讲。"小豆芽说。

"谁说的！我很认真地听讲了。"闹闹说着，还把自己的语文书、笔记本拿给小豆芽看，"你看，我的笔记做得多好！"

小豆芽看了看他的笔记，点头说："嗯，的确挺好的！但是but，上语文课不能只是听和写，还要去感受。"

"感受？感受什么？"闹闹愣住了，上课有什么可感受的，又不是看电影。

"感受课文中描述的美好画面啊！"小豆芽接着说，"比如《搭船的鸟》这篇课文，你除了听老师讲一些字词、语句和段落之外，还要跟着老师的讲解去感受课文里描述的世界。"

"也就是说，我要投入到课文中去吗？"闹闹好像明白了。

"对，就是这样的！"小豆芽高兴地说，"老师在讲课时，都是一点儿一点儿把我们带入课文中的。"

"啊？什么时候？我怎么不知道？"看来闹闹真的没有收到语文老师发出的"信号"。

"老师一直都在做这件事啊！比如老师朗读课文的时候，老师让我们带着问题读课文的时候，老师带着我们分析句段的时候，等等，都是在指引 我们走进课文所展现的世界啊！"小豆芽告诉他。

闹闹这才知道，原来在语文课上除了听知识点、记笔记之外，还需要用心感受 课文呢。

学习有方法

听语文课有哪些方法呢?

听、看、想，缺一不可。我们要听老师的分析和总结，要看老师的板书和演示，要思考老师的提问和引导。 **听、看、想**

认真对待 认真对待课上的每一个环节。课上的每个环节都是老师在引导我们进入学习状态，所以我们要认真对待。

语文课的知识点比较散，我们要紧跟老师的思路，积极回答问题。 **积极回答问题**

挑重点记忆 上语文课，要挑重点听和记。语文课上老师讲述的内容会比较多，我们不可能一字不差地全部记住，所以要挑重点听和记。

要点提示

真听、真想、真感受

想把语文学好，我们上语文课时就要真听、真想、真感受。真听、真想很好理解，就是认真听讲，跟着老师的引导去思考；真感受，就是在老师的引导下，去感受每一首诗歌、每一篇文章的魅力，体会作者的情感。

我们要敢于质疑

古人说："学贵有疑，小疑则小进，大疑则大进。"意思是，学习贵在思考和质疑，小的质疑会让我们有小进步，大的质疑会让我们有大进步。听讲也是如此，带着疑问去听课，我们更容易发现问题、解决问题。在听语文课时，我们要善于思考，敢于质疑，这样能拓宽我们的思路和眼界，也能激发我们学语文的热情和主动性。

5

英语课的正确听课方法

闹闹在英语课上的表现太糟糕了，听不懂、不记笔记、注意力不集中，如果不是小豆芽一直在旁边提醒他，估计他一节课都学不到什么知识。

要上英语课了 Go!!!，小豆芽一边翻着英语书一边高兴地说："今天要学新课文了，真高兴呀！"

"可是，我觉得英语课有点儿无聊　啊！"闹闹趴在桌子上抱怨说。

"英语课怎么会无聊呢，可能是你不会听课吧。"小豆芽说。

这时，上课铃响了　。英语老师开始绘声绘色地讲课，闹闹竖起耳朵听着，可是很多内容都听不懂，急得他满头大汗。

"听不懂就要快点儿记笔记，下课好向老师请教呀！"小豆芽看着他着急的样子，赶紧小声提醒他。

"哦，我知道了！"闹闹这才拿出笔记本，记下自己没听懂的地方。

又过了一会儿，只听英语老师说："这几个句型大家一定要记下来。"同学们都在记这些句型呢，闹闹却东张西望的，不知道在干什么。

"你呀，该记句型啦！"小豆芽低声说。

闹闹吐了吐舌头，赶紧照做。短短一节英语课，小豆芽总是在关键时刻提醒闹闹要集中注意力，才让闹闹勉强跟上了老师的节奏。

下课了，闹闹总算松了一口气，说："上英语课真累啊！"

"还说呢，你的听课状态这么糟糕，再这样下去可不行啊！"小豆芽说。

"唉，怎么办呢？我还有救吗？"闹闹既难过又渴望地看着小豆芽说。

"只要你掌握了上英语课的正确方法就还有救！"小豆芽告诉他。

"什么方法？"闹闹急忙问。

"就是听听、读读、写写啊！"小豆芽说，"听就是听老师的发音，听老师播放的音频 ，听老师讲述的知识点；读就是跟着老师读单词、读课文 ；写就是记课堂笔记 ，把老师讲的重点句型等内容记下来，方便我们课后复习。"

闹闹这才明白，原来自己一直都不会 59 听英语课，难怪觉得英语课听不懂呢。

学习有方法

　　学好英语并不难，关键在于我们的听课方法要正确，做到口到、耳到、手到。

　　口到，就是我们要积极张嘴说英语，这样可以锻炼我们的口语表达能力和英语思维。 **口到**

耳到 耳到，就是我们要听老师读单词和课文时的发音，纠正自己的发音；认真听老师讲解知识点；听同学们的发言，多向大家学习；认真做听力练习，让自己的耳朵越来越习惯英语。

　　手到，就是我们要做笔记。此外，我们还要跟着老师的指引积极完成课堂练习，巩固新学的知识。 **手到**

要点提示

多争取说英语的机会

在英语课上，我们一定要努力多争取在老师和同学们面前说英语的机会。这样的话，一来可以锻炼我们的胆量，提升自信心；二来可以让老师纠正我们的发音等问题，让我们的英语水平越来越高。

重视知识点

我们一定要重视老师所讲的知识点，如语法、固定短语、固定句型等。理解、记住这些知识点并勤做练习，逐渐学会灵活运用，这样我们学习英语的过程就会越来越愉快，学习英语的兴趣也会越来越浓厚。

6

数学课的听课小妙招

虫虫上数学课时听得很吃力，班长就不同了，每次都能轻松地跟上老师的节奏。那班长上数学课到底有什么听课妙招呢？

虫虫下课后一直坐在座位上，愁容满面。

"唉——"虫虫长叹一声，说，"我上数学课时总是很累，而且就算很认真、很努力地听课，也跟不上老师的节奏。这可怎么办啊？"

班长安慰他说："别着急，我觉得可能是你还不太会上数学课。"

"那你是怎么上数学课的呢？"虫虫好奇地问。

"就是主动思考呀！"班长骄傲地说。

"你能说得具体一点儿吗？"虫虫问。

"比如老师提出一个问题后，我就马上努力想办法去解答，有时老师还没有给出答案　　，我就已经有答案了。"班长说。

　　"可是，我根本就做不到嘛！"虫虫难过地说。

　　"上课时你一定要跟着老师的思路走。"班长说。

　　"我也想一直跟着老师的思路走，但是跟着跟着就跟丢了。"虫虫挠了挠后脑勺，无奈地说。

　　"我也有过和你一样的经历，后来我学会不放过老师的每次提问。我会尝试用各种方法去解题，即便没解答对，但因为我已经经过各种思考，所以等到老师讲解题目时，我也能迅速地理解了。"班长说。

　　"你的意思是，不要等着老师直接给出答案，而要自己先试着多角度思考和多种方法解答吗？"虫虫问。

　　"对，就是这个意思！"班长拍了一下手，兴奋地说　　，"有了主动、积极思考的过程，再听老师的解答就能很容易地理解了。"

　　虫虫非常感谢班长的分享，不然他还真不知道　　该怎么改变自己上数学课的状态呢。

学习有方法

数学课上如果听讲效果不好，课后做题时就会寸步难行。那么，上数学课时我们该怎么听讲呢？

老师在课堂上提出问题后，我们要主动思考、积极解题，尝试在老师给出答案之前做出判断。

主动思考

多角度思考

上数学课时，我们要紧跟老师的思路，在老师提出一个问题时，迅速在大脑中进行多角度思考，尽量用多种方法解题。

数学课上的重点有什么呢？比如老师每节课的开场白和结束语：开场白能引导我们注意本节课的重点、难点等；而结束语一般是对课上所讲知识的总结，能引发我们课后对所学知识进行进一步思考。

把握重点

要点提示

重视老师的逻辑

数学是一门逻辑性很强的学科。上数学课时我们要重视老师的讲课逻辑、解题逻辑等，注意老师是如何提出问题、分析问题、解决问题的，这样可以培养我们的数学逻辑思维。

虚心、认真地听讲

我们上数学课时要虚心听讲，不能因为预习过了，或者手里有参考书而不认真。老师在课堂上的讲解远比课本、参考书上的内容更具体、详细，我们只有认真听讲才能学得更扎实。

积极做笔记

数学课也需做笔记，但要简单明了、详略得当。

第三章

课堂笔记是你的
学习好帮手

1

给每门学科都备一本笔记本

闹闹的语文笔记本上面记着语文、英语和科学课的笔记。同桌告诉他这样做查找笔记不方便，他却觉得无所谓。语文老师给了他一些建议后，他才认识到自己的问题。

"闹闹，你的笔记本怎么这么乱啊！"同桌翻看着闹闹的语文笔记本，惊讶地发现上面不但有语文课的笔记，还有英语课和科学课的笔记。

"没事，我自己能看懂就行！"闹闹无所谓地说。

"可是，你把笔记本搞成这个样子，复习起来多不方便呀。"同桌十分不理解闹闹的这种行为。

"不会啊！我想看哪一科的笔记就翻到哪一科，多方便啊，还省了两本本子呢。"闹闹说。

"那好吧，只要你觉得方便就行。"同桌也不知道该怎么劝他了。

"大家把语文笔记本 拿出来，老师要检查上节课的笔记情况！"语文科代表站在讲台上大声说。

大家急忙把笔记本放在桌子上，等着老师检查。老师一本一本地翻看，微微点头，对大家的笔记很满意。可是当老师拿起闹闹的笔记本翻看时，脸色就变得有些难看 了。

"闹闹同学，上节课我们学了哪篇课文？"语文老师问闹闹。

"《秋天的雨》 。"闹闹回答。

"讲了哪些知识点呢？"语文老师又问。

"这个嘛，我不记得了，得看看笔记本。"闹闹说。

语文老师把笔记本递给闹闹，闹闹赶紧拿着本子 翻找起来，翻了半天才找到上节语文课上记的那些知识点。

闹闹刚想照着本子念知识点，语文老师就问："你觉得这样看笔记方便吗 ？"

"不……不方便。"闹闹红着脸说。

"记课堂笔记是为了记录各科的知识点，如果把笔记写得乱七八糟 ，那复习的时候多麻烦啊！"语文老师说道。

"我只是经常忘带笔记本，所以就随便拿出某科的笔记本做课堂笔记了。"闹闹小声说。

"其实，即便你暂时用某科的笔记本记录其他学科的课堂笔记，课后也要及时誊写、整理这些笔记。"语文老师说。

"老师，我错了。"闹闹经过这次才明白，的确需要为每门学科单独准备一本笔记本。

学习有方法

　　记笔记是每门学科、每堂课的基本要求。我们把重要的知识点记录好，复习起来会更方便、更高效。那么，我们该如何使用课堂笔记本呢？

　　每门学科都要准备一本笔记本，因为每门学科的课堂内容不同。　**准备笔记本**

做好目录　　在笔记本的封皮上写上学科名称，在内页写出页码，在记笔记的过程中可以做一个目录，查找某个知识点时，只要看一眼目录就能轻松找到了，省时又便捷。

　　给每门学科准备一个文件袋，把各科的课本和笔记本放进同一个文件袋里，从而避免出现各科笔记本乱用、混用的情况。

准备文件袋

要点提示

挑选合适的笔记本

　　每门学科的学习内容不同，知识量也不同，所以给每门学科准备笔记本时，我们要根据具体情况选择大小、厚度等都合适的笔记本。比如，数学和英语要用厚一点儿的笔记本，因为这两门学科记录的内容较多。

课后整理笔记

　　当我们忘带某一科的笔记本时，可以暂时把这一科的课堂笔记记在纸上，课后要及时把笔记誊写或者粘贴到该科的笔记本上。

2

符号、图案速记法

虫虫上语文课时经常记不全老师讲的内容，可是坐在他后面的女孩就没有这种情况。即使有时课堂内容很多∩+∩，她也能轻松记下所有的内容。她到底用了什么好方法呢？

终于下课了，这节语文课的内容很多，老师讲了三首古诗呢！

"哎呀，我的笔记记得好乱呀！"虫虫看着写满字的笔记本非常郁闷。他正愁该怎么整理乱糟糟的笔记内容时，扭头瞥见坐在后面的女孩的笔记本上有很多圆圈、三角形、问号、英文字母和他看不懂的图案。他忍不住问道："你怎么在笔记本上画画呀？"

"我是在用符号和图案记笔记呢。"女孩笑着说。

"啊？怎么用符号和图案记笔记啊？"虫虫不理解。

"只要我记住这些符号和图案分别代表的意思，不就可以把它们当作文字来用了吗？"女孩说。

"那你能记住这么多符号和图案的意思吗？"虫虫问道。

"当然啦。我一直在用它们记笔记，早就记住它们的意思了，不信你可以考考我呀！"女孩得意地说。

"那它是什么意思？"虫虫指着一个三角形问女孩。

"这个呀，代表重点中的重点。"女孩说。

"哇，你好棒呀！"虫虫不但佩服女孩记住了这些符号的意思，还佩服她居然把又多又杂的课堂内容记得这么整齐、干净，他说，"我下次也要用这种方法记笔记！"

回到家后，虫虫开始为自己记笔记选择符号和英文缩写等，问号代表疑问，三角形代表重点，"e.g."代表例如……他还把数学符号也用到记笔记中。

自从使用符号来辅助记课堂笔记后，虫虫不仅记笔记速度快多了，而且笔记记得更清晰、整洁了。

学习有方法

　　我们用符号、图案记笔记，可以大大加快记笔记的速度。那么，这种方法该怎么操作呢？

　　利用符号、图案记笔记能帮助我们把笔记记得更简单、易懂。例如，利用简单的多边图形、箭头、标点符号等，我们也可以自创符号。

用符号、图案记笔记

用缩写记笔记

　　想加快记笔记的速度，我们可以利用缩写的方式。比如一句话用两三个词代替，还可以把英文缩写运用到笔记中，等等。

　　记笔记还可以用一些图表，比如思维导图、表格、条形图等。

用图表记笔记

要点提示

写明符号意义

选择好记笔记使用的符号后，我们要把每个符号代表的意思都写清楚，最好写在课本或者笔记本的扉页，加深印象，以免后期复习时记错、记混。

符号、图案不要随意更换

我们要使用一套固定的笔记符号、图案，如果随意更换，会影响我们对笔记内容的记忆。

符号的书写要规范

使用符号、图案记笔记时，书写要整齐、规范，否则我们回看时有可能误解其表达的意义，对我们后期的复习不利。

3

把重点记全最重要

虫虫一直以为记课堂笔记应该把老师讲的内容都记下来，可是班长告诉他只要记重点 📣 即可。那么，课堂笔记到底是记得全好，还是只记重点好呢？

自从使用符号 **#** 和图案记笔记后，虫虫就不再为记笔记的事发愁了，他几乎每节课都能把老师讲的内容记下来。不过，今天班长又给他上了一课 ▱ 。

放学后，虫虫去班长家写作业。

"咦，虫虫，你上节数学课的笔记怎么有这么多内容呀？"班长翻看着虫虫的数学笔记本，惊讶 ✦ 地说。

"有什么问题吗？我只是把老师讲的内容都记下来了啊！"虫虫说。

"都记 ✏ 下来了？"班长说，"虽然你现在记笔记的速度很快，但是也不用把老师讲的所有内容都记下来吧？"

"可是，我觉得这样更好啊，期末的时候可以全面复习。"虫虫说。

"你现在记得越多，复习的时候就会越麻烦。"班长的观点和虫虫的正好相反。

"为什么？"虫虫问道。

"如果你记笔记的时候不分主次，复习的时候就没有侧重点，那不是浪费时间和精力吗？"

虫虫听了这话，心情顿时变差了，难过地说："那我岂不是白费力气了！"

"没关系，好在你把课堂上的内容都记下来了，现在只要把重点内容标记出来，复习的时候就方便多了。"班长给他出了个主意。

"可是，哪些内容才是重点呢？"看着写得满满的笔记本，虫虫有点儿眼花了。

"重点嘛，就是老师强调的内容啊！"班长告诉他。

"你是说老师讲的例题吗？"虫虫问。

"对，还有老师写在黑板上的提纲、老师补充的课外知识、老师讲述的容易记混的知识点等。"班长说。

"这么说，这堂课只有四个重点 吗？"虫虫在笔记本上找了半天，才标记出四个重点内容。

"嗯，你写的这一大堆 笔记中，只有这四个才是需要被重视的。"班长说。

"早知道我就不那么辛苦地记笔记了！"虫虫这次可算是长记性 了。

学习有方法

课堂笔记到底应该怎么记，记些什么呢?

很多老师上课时都会在黑板上写出本节课的提纲: 基础知识点、重点和难点, 这些是这节课的基本脉络。● ──────── **记老师的提纲**

记老师的板书 ● 在听课的过程中, 我们把老师的板书内容记下来, 就相当于记住了老师的讲课过程。

每节课结束之前, 老师一般会对这一节课的知识点进行归纳总结, 记下这些内容, 一来可以帮我们归纳知识点, 二来也能引发我们的思考, 启发我们继续探索新知识。●

记老师的总结

要点提示

不用面面俱到

记课堂笔记时，我们不需要面面俱到，只要把重点记全，把意思表达清楚即可。

留一些空白

我们记笔记时不能记得太满、太密，要在本子上留出空白，以便以后对笔记进行补充、修改等。比如课堂上老师讲完习题后，我们除了记录题目和解题过程，还要给这道题目留出空白的地方，用来补充自己对这道题目的思考。

记精彩内容

我们记笔记时，除了记下每堂课的重点内容之外，也要记下老师补充的课外内容，或者老师讲述得比较精彩的地方。

4

老师教的方法很宝贵

张小喵的同桌认为老师讲的解题思路和方法只要听懂了就可以，不用花时间记笔记，但今天的经历让她明白，解题思路和方法也是记笔记的重点。

今天的数学课节奏很快，老师讲了好几个重点内容。同学们都在忙着记笔记，只有张小喵的同桌特别轻松，好像早就掌握了这些内容似的。张小喵看她东张西望的，就轻轻推了推她的胳膊，小声说："你怎么不记笔记啊？"

"我记了呀，只是记得比较简单而已。"同桌小声回答道。

张小喵听她这么一说，也就放心了。可是下课之后她才发现同桌并没有认真记笔记。

"这就是你刚才记的笔记吗？"张小喵翻看着同桌的笔记本，露出既失望又难以置信的表情。

"对呀，你看，我把重点内容都记下来了。"同桌还自信地说。

"可是，你只记了一些知识点而已啊！"张小喵吐槽说，"今天老师讲的解题思路和方法那么重要，你为什么不记下来呢？"

"解题思路和方法我已经听懂了，干吗还要浪费时间记下来啊！"同桌说。

"真是被你打败了！你今天晚上写数学作业时一定会后悔的。"张小喵十分确定地说。

"我才不信呢！"同桌非常自信地说。可是，晚上写数学作业时，她确实遇到了麻烦。有道题和老师在课堂上讲的例题很像，她上课时明明已经听懂了，现在却怎么都做不出来了。

她突然想起张小喵的话，于是赶紧给张小喵打电话，说："张小喵，你还真说对了，今天的数学作业好难啊！"

"不是作业难，是你没有好好分析老师讲的解题思路和方法。"张小喵在电话那边说。

"那我现在怎么办呀？"同桌着急地问。

"别急，等会儿我把笔记拍成照片📷发给你，你把自己的笔记整理好之后，认真分析一下解题思路和方法，问题就能解决了。"张小喵给她出了个主意。

"好的，真是太谢谢💐你了！"同桌挂断电话后，很快就收到了张小喵发来的照片。她照着照片中的笔记，把自己的数学笔记重新整理了一遍，又认真复习了一遍，这才把数学作业完成了。

"唉，看来一定要把老师讲的解题思路和方法记下来呀！"同桌这次算是吸取教训了。

我们记课堂笔记时，一定要重视老师讲的各种思路和方法。那么，我们该如何记录这些思路和方法呢？

在课堂上，我们要先保证听懂老师讲的思路和方法，然后快速、简洁地记下来。● **快速记录**

记录思路 ●—— 记思路时，我们记录的内容包括：数学概念、公式的推导过程等，语文课文的分析过程，科学理念的验证过程，等等。

记方法时，我们记录的内容包括：数学例题的解答方法，语文修辞的使用方法，课文段意的总结方法，英语语法的运用方法，等等。● **记录方法**

整理复习 ●—— 我们课后要把这些笔记内容进行整理，并复习几遍，以巩固课堂学习效果。

要点提示

记录老师教的思路

我们学习每门学科都不能只掌握相关的知识点，而要掌握这门学科的学习方法。记录课堂上老师教的解题思路及方法可以培养我们的逻辑思维能力。比如，语文课要记录老师对字词句段篇的赏析方法，数学课要记录老师思考和解决数学问题的方法和技巧，等等。

根据记录的思路和方法做拓展学习

记录了相关的思路和方法后，我们还要在这些内容的基础上进行拓展学习。比如，用老师教的思路去学习相关的知识，对老师教的方法进行改良升级，让解题过程更简单。

5

笔记遗漏了？ 先听再补

闹闹上课时记笔记的速度没跟上，十分着急。
下课后，同桌把自己的笔记借给他看，他只用几分钟就
把笔记补全了。

语文课上，老师在讲解《望天门山》这首古诗，大家都
听得很认真。

"刚才老师说了什么？我没有听清楚。"闹
闹凑到同桌耳边小声问。

"哦，前两句诗使用铺叙的手法，描写了天门山的雄
壮和江水的奔流气势。"同桌轻声告诉他。

同桌一边说，闹闹一边记。可是同桌的声音有点儿小，
闹闹有些地方没听清，就对同桌说："描写了天门山的什
么？"

就在他们小声说话的时候，老师又开始讲 后面的内容了，这下可糟了，连同桌都没有跟上老师的节奏。"嘘 ，我都听不清老师讲的是什么了！"同桌不高兴地说 。

下课后，闹闹气呼呼地盯着有好多空白的笔记本，正发愁 该怎么办呢。

"喏，我的笔记本借给你看，赶紧把课上的笔记补上吧！"同桌把自己的笔记本递给闹闹说。

"你刚才不是不愿意帮我吗？"闹闹问道。

"我不是不帮助你，而是老师正在讲课呢，我要是只顾着和你说话，就跟不上老师的进度了 85%，那咱俩不就都遭殃了吗？"同桌说。

"原来是这样啊，对不起。"闹闹赶紧道歉 。

"你看看你，就因为几句话没跟上，搞得整节课都没好好听讲。下次记课堂笔记如果没跟上可别那么着急！"同桌提醒闹闹。"有什么可急的！下课了你可以借其他同学的笔记看，把遗漏的内容补上呀！"同桌告诉他。

闹闹想了想 ，觉得同桌说得很有道理，笔记遗漏了可以补上，但上课不好好听讲就很难补了。

学习有方法

　　我们记笔记时跟不上老师的节奏，或者遗漏了一些重要内容都是很正常的事情，不用着急、担心，理智应对即可。

　　遗漏笔记后不要左右求助，以免影响其他同学听讲，甚至影响课堂纪律，打断老师的讲课思路和进度。　**先不要求助**

做好记号　遗漏笔记时不能着急，做好记号继续听讲，不能因为遗漏的笔记而影响之后的听课效果。

　　下课后，我们要及时向同学或者老师求助，把遗漏的笔记补上，以便课后复习。

课后及时完善

要点提示

不要照抄他人的笔记

我们借同学的笔记补自己遗漏的内容时，不能简单地照抄，而要自己总结知识点。这样不但可以锻炼我们的总结归纳能力，还能让我们拥有属于自己的笔记。

学习他人记笔记的方法

在借鉴同学的笔记时，我们还要把自己的笔记和同学的笔记进行对比，学习他人记笔记的思路、技巧等，让自己记笔记的速度更快、准确度更高。

参考老师的教案

向老师借教案补笔记时，我们除了记录老师写在教案上的知识点之外，还要记录老师教案中的旁注、补充的内容等，这对我们完善笔记同样非常有用。

第四章

课堂不走神儿，
知识才能记得牢

I

紧盯老师，听课才不走神儿

坐在张小喵前一排的女孩，上英语课时因为走神儿被老师批评了一顿。张小喵告诉她，上课时紧盯着老师看就不容易走神儿了。女孩试了试，发现这个方法还真管用呢！

英语课上，老师正在激情澎湃地讲课，同学们都听得很认真，坐在张小喵前一排的女孩却低着头，不知道在看什么。

"大家看我的嘴型，大声跟我读……"老师对同学们说。

同学们都抬头盯着老师的嘴巴，跟着老师读单词，只有这个女孩低着头。

紧接着，老师又带着大家做习题。同学们都在抬头看黑板、看老师，而这个女孩依然低着头。

老师敲了敲 ✋ 黑板，大声说："有的同学没有抬头看我，注意一下！"老师说这句话时声音很大 🥫，这个女孩意识到老师可能是在说她，赶紧抬起头来看老师，发现老师正盯着 👓 她呢。

"这个词是什么意思 ❓？"老师突然向女孩提问。

女孩被吓了一跳，看了看黑板上的单词，又看了看课本上的习题，心想："糟了 ⚡，课本上没有老师写的那个单词啊，这可怎么办？"

"上课的时候要看着黑板、看着我，不要总是低着头！"老师严肃地对女孩说。

"我知道了 ✋。"女孩红着脸说。

下课了，张小喵问女孩："你上课的时候在干什么呢？为什么没有看老师呀？"

"我有点儿走神儿 ●●●✂●●● 了。"女孩不好意思地说。

"你呀，上课总是走神儿 💭，这样下去可怎么办呢？"张小喵都为她担心。

"我也不想走神儿啊，可不知道为什么，在课堂上，我听着听着思绪就不知道跑到哪里去了 🪐。"女孩无奈地说。

"其实，只要你紧盯着老师看，就不容易走神儿了。"张小喵告诉她。

"可是我不敢盯着老师看😠。"女孩说。

"啊？为什么呀？"张小喵很纳闷儿。

"老师都太严肃👓了，我一看老师，就感觉老师在盯着我。"女孩说。

"没事儿的！老师讲课时虽然看着我们，但目光并没有锁定🔒在某个人的身上，而是在扫视👁我们，你根本就不用担心。"张小喵安慰她说。

"是吗？那我下节课试一试吧。"女孩可不想上课再走神儿了，不然成绩都要下降了。

下一堂的数学课上，女孩就一直盯着老师，看老师写板书、讲例题，真的很少走神儿了。

学习有方法

　　我们想在课堂上不走神儿，就要盯着老师听讲。那么，我们具体该怎么做呢？

　　老师上课时总会把重要的内容写在黑板上，我们要盯着老师写板书，这样能跟上老师的节奏。

紧盯老师写板书

盯着老师的动作等

盯着老师的肢体动作和表情。老师讲课时会根据内容做出一些肢体动作和表情，老师的这些状态会把我们带入特定的情境中，从而使我们更好地理解这些知识。

　　老师有时只通过一个眼神就能判断我们是否听懂了课堂上的知识点等。经常与老师进行眼神互动，能够提高我们的听课效率。

进行眼神互动

要点提示

调整心态，大胆看老师

有的同学上课时不敢盯着老师看，害怕和老师有眼神接触，担心老师叫自己回答问题，等等，这些都是不必要的心理负担。要想好好听课，我们就要调整自己的心态，大胆地盯着老师看，跟着老师的节奏走。

认真思考

上课时要做到眼到、心到，盯着老师看时也要积极思考，否则很容易走神儿。

2

闹闹上课又走神儿了，因为他的注意力总是被课桌上的各种小玩意儿🐊吸引走。老师非常生气👀，让他立刻把课桌上与学习无关的东西都收起来。课桌上摆放的东西真的会影响我们的注意力吗？

数学老师讲课都讲了五分钟了，闹闹还没有进入听课状态，他一直盯着自己课桌上那块他特别喜欢的"蜘蛛侠"橡皮🧽。

"闹闹，你来回答这个问题。"这时，数学📏老师突然点到他的名字。闹闹根本没有认真听讲，哪里知道答案！

"等于……等于8。"闹闹红着脸😊瞎编了一个答案。

"哈哈哈▽▷◁！"同学们一听这个答案就哄堂大笑。

"他回答得对吗？"老师问大家。

"不对 不 ！"同学们齐声说。

"上课注意听讲，不要走神儿！"老师严肃 👀 地对闹闹说。

被老师批评后，闹闹开始认真听讲。可是没过几分钟，他又开始摆弄自己的文具盒 🖊️ 了，把里面的笔全部拿了出来，摆了一桌子。

"闹闹，你怎么又走神儿了？"老师几步走到闹闹的课桌前，盯着他课桌上的东西说，"这都是什么？你怎么把桌子搞得这么乱呢？"

"我……我马上收拾。"闹闹小声说。

"除了课本 📖 、练习本和笔 ✏️ 之外，课桌上最好不要摆其他东西！"老师批评完闹闹，又对全班同学说，"每个同学都要把课桌收拾干净 🪑 ，不可以胡乱摆放文具，更不可以把与学习无关的东西带到学校来。大家听到了吗？"

"听到了 好 ！"同学们大声回应。

其实闹闹已经不止一次出现这种情况了，老师也批评了他几次，但他始终没有改过来。为了帮他改掉这个坏毛病，

老师大声宣布 ：“以后闹闹就是咱们班的‘课桌监察员’ 。每节课上课之前，他都要把全班同学的课桌检查一遍，大家都要好好配合他的工作 ！”

闹闹惊呆了，他本以为会受到老师的惩罚，没想到却意外当上了“课桌监察员”。

“怎么样，你能把这份工作做好吗？”老师问他。

“能，一定能 ！”闹闹激动地说。

自从当上“课桌监察员”，闹闹的课桌就特别干净、整洁，而且在他的严格监督下，同学们的课桌上也不再出现各种杂物，大家听课时都认真了许多 。

学习有方法

　　课桌越杂乱，我们在上课时越容易分心。所以，我们一定要把影响听课的东西都从课桌上收起来。

　　上课之前，我们要把与上课相关的物品准备好：相关科目的课本、参考书、练习册、笔记本等，还有文具盒、草稿纸等。以免上课时乱翻乱找，既耽误时间又影响听课效率。

准备学习用具

不放其他东西

　　课桌上不可以放什么东西呢？与该节课无关的东西都不应该出现在课桌上，比如其他学科的课本、课外书等。这些东西出现在课桌上，很容易分散我们的注意力，降低我们的听课效率。

重点提示

课桌上的物品要摆放整齐

课桌上的物品要尽量分类摆放整齐，因为整齐的课桌会让我们心情愉悦，听课更认真。

学习用具要简单朴素

为了上课不分散注意力，我们使用的学习用具要简单、朴素。比如，文具盒尽量使用图案简单的、不发出巨大声响的，书皮尽量是透明的或者颜色单一的，而不是五颜六色的。

课桌抽屉内不要放无关物品

除了课桌上，抽屉里也尽量不要放与学习无关的东西。简而言之，除了水杯、纸巾等必需品之外，玩具、零食等都不应该带到教室来。

3

拒绝干扰，听课更高效

　　虫虫最近有个大烦恼😣：坐在他后面的女同学上课时总是小声说话，都影响他听课了。他不知道该怎么办。最后，在学习委员的鼓励下，他把这件事告诉了班主任，事情才得到解决。

　　刚上完课，虫虫就一副垂头丧气😣的样子。

　　"你这是怎么啦？上课没听懂吗？"学习委员关心地问。

　　"我告诉你一件事。"虫虫特意把声音压得很低〰️，说，"坐在我后面×××每天上课都会小声说话，害得我上课时总走神儿💭😮。我已经和她谈过了，可是一点儿用也没有。"

　　"没用？那就告诉老师，不能让她影响你上课！"学习委员的态度非常强硬😠。

"我可不想打小报告！"虫虫连连摆手 说。

"这怎么是打小报告呢？你已经提前和她沟通了 ，是她自己不改正的，你有权利向老师反映这件事。"学习委员严肃 地说。

"可是，我怕影响同学之间的关系 。"虫虫小声说。

"你要知道，如果她一直不改正，你和周围的同学都会受到影响的。"学习委员说。

"你说得对 ，我应该把这件事告诉老师。"虫虫想了想，觉得学习委员说得很有道理。

放学后，虫虫来到班主任的办公室，非常委婉地表达了自己的来意，希望老师能处理一下这件事。

"你做得很对。如果有同学影响你和周围的人上课，你们就应该主动反映情况，这样我才能帮助 help 大家啊！"班主任对他的做法很赞同 。

第二天，班主任上课时，那个女同学又小声说话 了，还拉着她的同桌一起说。班主任走到她的座位旁，提醒 道："个别同学上课说话，自以为是一件小事，其实已经影响到其他同学了，希望大家自觉一点儿，不要做那个扰乱课堂纪律的人。"班主任说 完这句话后就走开了，继续上课。

　　虽然班主任没有点名道姓地批评那个女同学，但女同学和她同桌的脸上都火辣辣的 ，羞愧得不敢抬头看老师。从此以后，这个女同学很少在课堂上小声说话了，虫虫的烦恼总算解决 了。

学习有方法

　　有些同学经常在课堂上发出各种声响，对大家正常上课产生一定的干扰。碰到这种情况，我们该怎么办呢？

　　对经常在课堂上干扰他人的同学，我们课后要主动和他们沟通，让他们认识到自己的错误，积极改正。 **主动沟通**

向老师反映　　如果上课时某个同学影响了大部分同学上课，老师一定会严厉批评他，帮助他改正错误。

　　如果我们的座位附近总有干扰我们上课的同学，我们可以向老师说明情况，请老师给我们换个座位。 **调换座位**

要点提示

给自己一些心理暗示

想在课堂上不受同学的干扰，我们可以使用心理暗示的方法。比如，上课时有同学说话，我们可以默默对自己说："不听不听，我要认真听讲。"这种心理暗示能让我们静下心来，排除外界的干扰。

做一些抗干扰训练

我们在平日里可以做一些抗干扰训练。比如，去公园看书、在嘈杂的环境里学习等。经过这种训练，课堂中的小干扰就无法影响我们听讲了。

玩儿一些提升专注力的游戏

我们还可以在平日里多玩儿一些提升专注力的游戏。比如，搭积木、摆多米诺骨牌等。这类游戏能训练我们的专注力，进而提升我们的抗干扰能力，能让我们在课堂上更专注。

4

记录自己每天的听课表现

同班的一个女孩惊讶地发现，张小喵居然专门用一本本子记录自己每堂课的听课表现，还说这样能提高专注力。这个女孩也试了试，效果真的很不错呢！

"咦，张小喵，你这个本子是干什么的？"课间，同班的一个女孩发现张小喵的书桌上有一本特别的本子。

"这是我的听课表现记录本。"张小喵说。

"听课表现有什么可记录的？"女孩听了觉得很难理解。

"你可别小看它，自从我开始记录自己的听课表现后，上课就很少走神儿了。"张小喵十分认真地说。

"那我也试试！"女孩也想让自己在课上的专注力得到提高。

这节课上完后，女孩马上记录自己的听课表现：今天第二节课是英语课，我走神儿了两次（😈　🦋）；我有两个知识点没有听懂，课后需要向老师和同学请教；我上课没有举手回答问题，表现得不够积极……

一天下来，女孩一共写了六次 🎵 听课表现记录，她发现，自己在语文课上的听课表现比在数学课和英语课上的要好得多，不但走神儿的次数少 🎵，听课的质量也更高。

女孩接连几天都在做听课表现记录，可是她发现自己的听课状态并没有什么进步，于是疑惑 😠 地问张小喵说："你说的方法也不管用啊，我听课的状态根本没有改变！"

"你做过记录总结吗？"张小喵问她。

"总结？总结什么 ❓？"女孩纳闷儿地说。

"总结自己这段时间的听课表现呀！"张小喵告诉她，"我每隔一两天就要做一次总结，这样才能督促自己上课时更认真地听讲。"

"哦，原来是这样啊！"女孩终于知道原因了，从这天起，她每天 🌻 都记录自己在各科课堂上的听课表现，还定期做总结，争取一天比一天做得好。坚持了一段时间后，女孩惊讶 😲 地发现，自己的听课效率确实提高了很多。

学习有方法

听课表现记录该怎么做呢?

我们要准备一本本子记录自己的听课

表现。 ●————————————————— **准备一本本子**

记录听课状态 ●—— 做听课表现记录, 就是为了激励自己上

课认真听讲、不走神儿。如果课上走神儿了,

我们就要分析原因, 及时纠正。

做听课表现记录, 也是为了强化自己的

课堂学习效果。如果我们在课堂上有听不懂的 **记录听课质量**

地方, 一定要及时向老师和同学请教。 ●—

●—— 做听课表现记录, 我们可以分析自己的

不足, 激励自己积极配合老师, 主动学习。

记录课堂活跃度

要点提示

对比自己在各科课堂上的听课表现，取长补短

我们每天都要记录自己的听课表现，分析自己在各门学科课堂上听课表现的优点和不足，以提高听课效率。比如，我们在数学课上听课表现好，思维活跃，在英语课上却没有做到，就要认真分析原因，并借鉴上数学课的听课方法，提升我们在英语课堂上的听课效率。

及时做记录

课后我们要及时做听课表现记录，比如下课后、放学后，不能等到第二天再做，以免我们忘记了自己当时的听课状态和质量。

定期查看自己的听课表现记录

做完听课表现记录后，我们还要定期查看自己这段时间的听课表现，并想办法提高自己的听课效率。

5

下课玩儿个够，上课认真听

外面下起了雨 🌧️，课间，很多同学都穿着雨衣跑到外面去玩儿水 💦，玩儿得非常高兴。上课后，窗外的雨还下个不停 🪟，但同学们都在很认真地听课。

上语文课的时候，天空中渐渐飘来了乌云，不一会儿就下起了雨。闹闹的注意力被窗外的雨声吸引了。

"同学们，接下来我们要学习《听听，秋的声音》这篇课文。"语文老师对大家说。

同学们有的在翻书 📖，有的在欣赏窗外的雨景。语文老师见状，拍拍 讲桌，提醒道："大家注意听讲，不要走神儿！你们下课的时候可以玩儿个够，但现在必须认真听讲哦。"

"好 OK！"同学们大声说。

下课铃响的时候，窗外的雨已经小很多了，同学们可兴奋了，闹闹穿上雨衣，跑到小花园玩儿水去了。

另外几个同学看闹闹玩儿得那么开心，也出去玩儿了。他们有的用手接雨，有的在观察雨中的植物。大家的欢笑声伴着雨声，听起来格外悦耳。

"喂，快回来吧，要上课了！"这时，一个同学朝他们大声喊道。于是，他们几个"小雨人"便跑回教室上课。

他们在雨中已经玩儿得很高兴了，上课时不再被窗外的雨景吸引。闹闹还因为认真听课被老师夸奖了呢。

"他是被雨淋开窍了！"小豆芽开玩笑说。

"哈哈哈！"同学们都大笑起来。

闹闹朝小豆芽做了个鬼脸儿，说："你不是也一样吗？"

"在雨中玩耍的确很有趣，但不能让雨水淋湿了，否则很容易感冒的。"数学老师提醒大家。

"好！"同学们回应道。

学习有方法

　　课间，我们的大脑和身体如果能得到放松和休息，上课时就会更加专注。那么，我们该如何利用课间时间放松自己呢？

　　课间，我们可以抓紧时间和同学们玩儿趣味游戏，如你画我猜、瞎子摸人等。趣味游戏会让我们身心得到放松。

玩儿趣味游戏

适当运动

　　课间，我们也可以适当运动，如跑步、跳绳、踢毽子等。适当运动可以让大脑的疲惫感降低。

　　课间，我们还可以和好朋友聊聊动画片、讲讲笑话等，帮我们缓解学习压力。

与同学聊趣事

控制好运动量

虽然下课要玩儿得尽兴，但是我们也要控制好运动量，不能剧烈地活动，否则上下一节课时会出现疲劳、精神不集中等情况，这样就得不偿失了。

遵守文明游戏的规则

比如，不能在楼道里横冲直撞，不能去离教室很远的地方活动，不能随意进入礼堂、实验室等重要场所玩耍，不能打闹、爆粗口，等等。

第五章

积极发言，
展示风采又学得好

课堂讨论真好玩儿

语文课上，大家分小组讨论 三 问题。虫虫他们小组经历了从矛盾不断到和谐友好的讨论过程，最后虫虫做的讨论总结还得到了语文老师的表扬呢！

今天的语文课上大家学习了《夜间飞行的秘密》这篇课文，老师让大家分组讨论课后习题。

虫虫、他的同桌以及坐在后一排的一个男孩和一个女孩被分到一个小组。刚开始讨论，虫虫的同桌就滔滔不绝地说个不停，根本不给其他人发言的机会。

"你都说了三分钟了，该我们说了！"后一排的男孩抗议道。

"好好好，我不说了，你们说吧！"虫虫的同桌有些生气地说。

虫虫觉得场面有点儿尴尬，就主动说："你们讨论吧，我来做记录。"

"我觉得课文中没有具体写后两次实验，是因为这两次实验不重要。"后一排的男孩说。

"我反对！如果这两次实验不重要，我们就没办法知道蝙蝠是如何在夜间飞行的了。相比较而言，我觉得第一次实验才不重要呢！"后一排的女孩说。

"啊？为什么？"虫虫的同桌纳闷儿地说。

"因为蝙蝠在夜间飞行靠的不是眼睛啊！"后一排的女孩理直气壮地说。

"那你说，为什么作者不具体讲述后两次实验呢？"后一排的男孩问。

"这个嘛……我也不知道！"后一排的女孩小声说。

"也许这是作者的写作技巧。作者故意不具体讲述后两次实验的过程，只强调实验结果，这样既能突出重点，也不会显得太累赘。"虫虫的同桌说。

他们三个你一句我一句的，讨论得很热烈。

"你们讨论得怎么样？"这时，语文老师走过来问道。

"我的观点最多，想法也最好！其他人也不错，虫虫还给我们做了记录呢。"虫虫的同桌抢着说。

"真不错呀！那谁来做讨论总结呢？"语文老师问他们。

"让虫虫总结吧，他刚才发言的时间太少了。"后一排的女孩说。

虫虫的同桌和后一排的男孩都赞同这个提议。

"可是，我的归纳总结能力不太好，万一表现不好怎么办？"虫虫担心地说。

"没事，重在参与嘛！"其他三个同学说。

"好吧，我来做总结。"虫虫鼓起勇气说。

讨论时间结束后，每个小组各派一个人做总结。虫虫表现得特别好，还被语文老师夸奖了呢！

学习有方法

　　课堂讨论可以帮助我们理解所学内容，培养探究能力，提高学习效率。那么，我们进行课堂讨论时应该怎么做呢？

　　我们一定要紧抓核心主题进行发言，以免浪费时间。　**围绕主题讨论**

积极参与　　积极思考、发言，大胆表达自己的想法。我们还要边听他人的发言边思考，判断他人的观点是否正确。

　　我们不能只顾自己发言，还要给他人展示的机会，并尊重他人发表的意见。　**尊重他人**

做好发言记录　　我们要记录自己和其他同学的观点，便于讨论结束后归纳总结。

要点提示

讨论评分制

　　小组讨论时，为了调动大家的讨论积极性，我们可以找一位同学给其他同学的发言表现评分，看看谁的得分高。这种讨论方式可以激励大家更加积极、有效地进行讨论。

不要依赖老师的监督

　　有的同学参与讨论时总是看老师行事。老师走过来，他就表现得非常积极；老师一离开，他就变得很消极。这是不对的。无论老师是否在场，我们都要认真对待、积极参与。

2

大胆举手让我们更爱学习

张小喵所在班的课堂气氛不够活跃，大家都不喜欢举手回答问题。班主任王老师想出一个妙招，很快就帮他们改掉了这个习惯。王老师到底用了什么妙招呢？

五年级三班的班主任王老师很发愁，因为最近各科老师都向她反映，他们班的同学不喜欢举手回答问题。王老师想来想去，终于想出了一个好nice办法解决这个问题。

这节课，王老师并没有讲述新知识点，只是做了一次调查。她问大家："谁能告诉我，自己为什么不喜欢举手回答问题？"

大部分同学们你看看我、我看看你，都不举手，只有张小喵和另外两位同学举手了。

"张小喵，你先说喵。"王老师点到张小喵。

"如果老师的问题我回答不上来，我就不会举手。"张小喵说。

张小喵说完后，另外两位同学点头赞同，因为他们的原因是相同的。

"那其他同学呢？你们为什么不举手？"老师又问大家。

同学们都低着头 ，没有一个举手的。

老师又点了几个同学，询问他们不举手回答问题的原因。有的是因为害怕在课堂上发言，有的是因为害怕 老师，有的是因为害怕回答错了被同学嘲笑 ，等等。

做完调查后，王老师对大家说："我很理解大家的想法，但是上课积极举手回答问题很重要。从现在开始，只要老师一提问，所有人都要把手举起来。"

"啊 ？那我们不会怎么办？"有的同学为难地说。

"那就直接告诉我，'对不起，老师，我不会'，然后我会继续让其他同学来回答。"老师接着说，"我不会批评任何一个不会回答问题的同学，只是希望帮大家养成爱举手的习惯。"

听王老师这么一说，同学们就放心 多了。

起初，这个方法只在王老师的课上使用，后来又在其他学科的课堂上使用，效果越来越好。没过多久，五年级三班就变成了课堂气氛最活跃的班集体，老师都特别喜欢给他们班上课。

学习有方法

　　上课举手回答问题能及时检验我们的学习成果，并让我们的学习积极性更高。那么，我们如何才能养成大胆举手回答问题的习惯呢？

　　发言要举手，不能随口就说。在课堂上回答问题，除了集体回答和老师抽查之外，我们都要先举手再发言，这是对课堂纪律的遵守，也是对老师的尊重。

先举手再发言

　　我们要认真听讲，知道如何回答老师提出的问题，做到心中有数，举手时才会更自信。

心中有数

　　举手时没有被老师点到名字是很正常的事情，我们要继续积极举手，更多地展示自我。

积极举手

要点提示

锻炼自己的胆量

　　有的同学上课不举手回答问题，是因为害怕在公众场合发言。这样的同学需要课后多锻炼自己的胆量，在人多的地方表现自我，比如，在家人聚会时主动即兴发言等。

让自己的内心更强大

　　有的同学不举手是害怕回答错误而被同学嘲笑，其实同学在一起难免会互相开玩笑，我们要理智看待这样的问题。

认真听别人的发言

　　别人回答问题时，我们要认真听：一是听同学的发言，思考是否与自己的答案一样；二是听老师的点评，思考同学的发言是否正确，如果不正确，我们还可以继续举手回答。

3

会思考才会提问题

　　闹闹遇到了难题❓，经过一番思考后他主动向老师提问。虽然因为这个问题很简单而遭到同学们的嘲笑😊，但是他并不在意，因为他已经把问题解决了，而且还得到了老师的表扬呢！

　　讲完后新知识点，数学 老师问大家："同学们还有什么问题吗？"

　　全班同学中，只有闹闹举起了手✋。

　　"闹闹，你有什么问题？"老师点到闹闹的名字时，同学们的目光齐刷刷地转移到闹闹身上。

　　"老师，您能再讲一遍37×48 37×48=? 这道题吗？"闹闹问道。

　　"哈哈，刚才老师不是讲过了吗？"有个同学居然笑话闹闹。

"不可以这样！"老师制止了那个同学的行为，还说，"无论题目简单还是复杂，大家都可以主动提问。"

"就是，就是！"闹闹朝那个同学做了个鬼脸儿。

"闹闹，你具体的问题是什么呢？"老师想知道他到底哪里不会。

"我还不会算两位数的乘法，所以就用两位数乘以一位数的方法解答这道题，可是计算的结果不对。"闹闹说，"比如37×48这个算式，我先用3×48=144，然后用7×48=336，两个乘积加起来应该是480，为什么得数却是1776呢？"

"个位上的乘法你算得很对，但十位上的乘法出错了。虽然你是用数字3乘以数字48，但是3在十位上，代表的是30，所以应该是30×48，得数应该是1440，然后再计算1440+336，最后得数就是1776了。"老师解释道。

"哦，原来3在十位上代表的是30啊！这下我就明白了。"闹闹高兴地说。

"闹闹同学很有想法，能把复杂的题目用简单的方法来解答，而且敢于提问，大家都应该向他学习。"老师对大家说。

这一次，同学们不再笑话闹闹了，反而向他投来钦佩的目光。

下课后，同桌特意对闹闹说："真是太谢谢你了，你问的问题我也不懂。"

"那你怎么不向老师提问啊？"闹闹好奇地问他。

"我不知道该怎么问老师。"同桌说。

"哦，这的确是个问题，不过只要你好好思考，以后就知道怎么向老师提问了。"闹闹鼓励他说。

"是啊，我真的需要好好思考。"同桌说。

学习有方法

只有善于思考，我们才能掌握知识点。那么，我们如何才能学会思考，学会提问呢？

遇到难题，我们可以先把难题拆分，然后用简单的思维进行思考，找出自己的具体问题，有针对性地向老师提问。

化繁为简

深入思考

遇到不会的题目，我们首先要分析这道题涉及的基础知识，然后对其进行深入思考，找到自己的知识盲点，向老师提出具体的问题。

批判性思考就是通过质疑、分析、评价、论证等方法对某种观点、结论、做法等进行全面的认识。这样我们更容易养成独立思考的能力，从而进行高质量的提问。

批判性思考

主动思考，踊跃提问

我们想变得会思考、会提问，就要在课堂上有主人翁意识，主动学习，养成勤于思考、主动思考的好习惯。

问题无大小

有的同学不喜欢主动向老师提问，是因为担心自己的问题太幼稚、太简单或者太奇怪而被同学嘲笑。其实问题没有简单、复杂之分，只要心中有疑问我们就可以大胆地向老师发问、求助。

讲清楚自己的问题

我们提问时要直接、具体，把问题讲述清楚，这样老师才能准确地为我们讲解。

4

拿着提纲发言底气足

班长在课堂上的发言特别精彩，虫虫羡慕极了，向她请教方法。原来，班长发言自信、流畅，要归功于她写的发言提纲。

今天的语文课上，老师让大家想一想自己心目中的乡村景致是什么样子，并用一段话讲出来。

班长想到住在乡下的奶奶和乡村的美景，感触很深。她根据自己的回忆，在练习本上列出了几个要点。

"谁来说说自己心目中的乡村景致啊？"老师问大家。

班长高高地举起手，急切地说："我，我来说！"

"好，班长这么积极，我们就把第一个发言机会给她！"老师笑着说。

班长站起来，绘声绘色地讲述自己心目中的乡村美景。

"我的奶奶住在乡下，那里可漂亮🌸了！有一排排的小木屋，屋顶都是青瓦，远远看去，就像一幅水墨画。在农户的院子里，鸡、鸭、鹅🐥🐤🦢跑着、叫着，十分欢快。木屋前面是青石板路，路上行人不断，偶尔还有人牵着牛羊🐄🐑经过。远处是大片大片的农田，一片深绿一片浅绿的，仿佛绿色的海洋……"班长口齿清晰，语言优美，把同学们的思绪都带入了乡村美景中。

"这就是我心目中的乡村。"班长的发言结束了。

"班长的发言非常棒🎉！"老师称赞道。

接下来又有几个同学站起来发言了，但在虫虫的心目中，只有班长的发言最精彩╮(╯_╰)╭。

下课后，虫虫对班长说："你的发言太好了，你那么自信，说得那么流畅！"

"你知道我为什么自信并且说得流畅吗？"班长笑着问。

虫虫摇摇头。

"因为我列了一个发言提纲✏️。只要看一眼这个提纲，我就知道接下来要说什么，当然就自信了！"班长说着还把自己的提纲拿给虫虫看。

虫虫看着班长写的提纲，上面简单、清楚地按顺序列出了她要说的内容。"哇👀，如果我有这么一个提纲，就也敢在同学们面前发言了！"虫虫由衷地赞叹道👏。

　　"哈哈，下次你也可以这么做✿！"班长笑着说。

我们要想让自己的发言更优秀，就要列出发言提纲。那么，发言提纲该怎么写呢？

发言提纲要围绕发言主题去写，每个观点都要写出最核心的提示词语。

围绕发言主题写

简明扼要

发言提纲只需简短、提纲挈领，让我们一看就知道该表达哪些内容即可。

写明发言内容的细节和特色。

注意细节

结尾要升华。我们要在结尾处列出自己的主要观点和升华的内容。

在结尾处升华

要点提示

挑选合适的列提纲的方式

列发言提纲有两种方式：一种是并列式，另一种是递进式。并列式是把几个观点——列出来，各个观点之间的关系是平等的；递进式是把各个观点按照一定的顺序排列起来，层层递进，或者越来越重要，或者一个观点引出另一个观点，等等。

出错不慌乱

即便拿着提纲，我们发言时依然有可能忘词或者说错。此时，我们不能慌乱，而要镇静下来，认真看着提纲思考相关的内容，继续把自己的观点表达完整、清楚。

注意语速和音量

我们发言时语速不宜太快，音量要大，声调尽量抑扬顿挫，表情要自然，这样大家听起来才更清楚、更有倾听的兴趣。

5

口才好，课堂发言更自信

张小喵什么都好，就是上课发言时声音有点儿小 、吐字不清楚，语文老师建议她课后好好练口才。她真的很用功，只用了一个多月 31 就取得很大的进步。张小喵是怎么练口才的呢？

语文课上，老师问大家："昨天大家预习《太阳》 这篇课文了吗？"

"预习了！"同学们大声回答。

"那我们现在分段朗读。谁想读第一段？"老师又问。

张小喵和好几个同学都举手 了，有的同学还嚷嚷着："我，我要读！"

"这么多同学都想读呀！"老师高兴地说，"这样吧，张小喵 读第一段……"

老师分配好任务后，同学们开始分段朗读。张小喵刚读到一半，坐在最后一排的一位同学就大声说："你的声音太小了，听不清！"

张小喵顿时红了脸，非常尴尬，不知道该怎么办了。

"不可以随便打断其他同学！"老师批评了那个同学，然后对张小喵说，"你读得很好，但是声音的确有点儿小，能再大声点儿吗？"

张小喵点点头，又提高音量，把剩下的内容读完了。课文是读完了，但张小喵的好心情也被破坏了，她后半节课一直不太开心。

老师注意到张小喵的状态，于是下课后找到她，对她说："你各方面都很优秀，只是课上发言时声音有点儿小、吐字不太清楚，这都是可以改进的。"

"老师，我怎么才能改进呢？"张小喵问老师。

"进行口才训练啊！"老师说，"平时多读、多背、多演讲，而且声音要洪亮，坚持一段时间后你的口才就会有很大的提升。"

"嗯，我会好好加油的。"张小喵想让自己更优秀，决定每天坚持练口才。

　　她每天早晨起床后朗读五分钟课文，午饭后练十分钟即兴演讲，睡前还要大声朗诵一段文章。坚持了一个多月后 31 ，她真的进步 了，上课发言时声音很洪亮。

　　在一次语文课上，张小喵回答完问题后，坐在后一排的一个男生突然说："张小喵活像一个小音箱 ！"

　　同学们都笑了，张小喵也笑了。

学习有方法

　　我们要想在课堂上发言或演讲时口齿伶俐、妙语连珠，就要在课后积极训练口才。那么，我们该如何训练口才呢？

　　我们每天都要大声朗读和背诵一些文章。一段时间后，我们的音量就能提高。　**每天练习**

　　训练语音、语调　我们课后要训练自己的语音和语调，多听多读，模仿播音员的发音，模仿主持人的语调，等等。

　　对着镜子做口才训练，我们就能更好地调整自己发言时的表情、眼神、肢体动作等。　**对着镜子训练**

　　进行速读训练　速读训练，能让我们的口齿更伶俐。比如，找一篇文章进行多遍朗读，读熟后逐渐加快语速练习。

要点提示

回答问题之前默念答案

上课回答问题之前，我们要好好组织自己的语言，心里默念一遍自己的答案，以免站起来回答问题时磕磕巴巴、语无伦次。

边发言边思考

口才训练不只是动嘴，还要动脑。在做朗读、诵读、演讲练习时，我们要边读边思考，说到上一句时就要想到下一句。

第六章

课后总结好，
听课效率才更高

别把疑问留到下一节课

虫虫和坐在后面的女孩都遇到了不懂的题 ?，女孩下课后主动向老师请教，把问题解决了，虫虫却想等到下节课再说。谁知等到下节课后，虫虫却后悔不已。到底发生了什么事呢？

数学课结束后，同学们都高兴地玩儿游戏去了，坐在虫虫后面的女孩却依然低头看书，因为她有一个知识点没学会。

"咱们出去跳绳吧！"虫虫对她说。

"不行，我还要学习呢。"女孩拒绝了虫虫的邀请，继续低头看书。

"你在看什么呢 ? ？"虫虫问她。

"就是这道题，你看，如果我从上面看，它会是什么图

形 呢？"女孩说。

"这个嘛，我也不会。"虫虫说。

"所以我才要好好想一想 啊！"女孩说着，又接着思考了。

"下午再说吧，我们不是还有一节数学课 吗？"虫虫觉得这不是什么着急的事情，完全可以等到下一节数学课再解决。

"不行不行 ，你自己去玩儿吧。"女孩朝他摆摆手说。

虫虫没办法，只好自己出去玩儿了。他出去后，女孩仍然想不出这道题的答案，就拿着数学书 去找老师了，她一定要在下节课之前把这道题解决掉。

转眼就到下午的 数学课了，老师在黑板上写下几道题，想检测一下大家这几天的学习情况。虫虫一看，刚好有上午他和女孩讨论的那道题目。他一下子慌了神儿 ，心想："糟了 ，我还不会做呢！"直到老师讲解题目，他还没有想出那道题的解法。

课后，虫虫发现女孩将那道题做对了，惊讶 地说："咦，你什么时候学会这道题的呀？"

"就是上午啊，我去问数学老师了。"女孩说。

"唉，早知道我就跟你一起去问老师 了。"虫虫后悔地说。

"课后我们要及时 向老师请教不会的知识点，不要拖拉，否则下节课 有可能就来不及了。"女孩告诉他。

"嗯，我已经吸取教训 了。"虫虫非常认可 女孩的观点。

学习有方法

我们每节课都会学习好几个知识点，遇到不懂、不清楚的，一定要及时向老师请教。那么，我们该向老师请教些什么，如何请教呢？

如果我们发现自己有不会的知识点，就要马上向老师提问。 **不会的知识点**

一节课结束后，有的知识点我们可能学得不是很明白。这时，我们就要把自己不清楚的地方记下来，然后有针对性地向老师请教。 **模糊的知识点**

下课后，如果我们对老师讲解的知识点有不同的观点，都要及时向老师求证。 **有争议的知识点**

要点提示

自己先分析问题

　　课后积极查漏补缺，向老师请教不懂的内容是一种良好的学习习惯。但是在向老师请教之前，我们要先把问题分析、钻研一番，自己确实解决不了再向老师请教，这能让我们养成自主学习的好习惯。

被批评也要及时向老师请教

　　有的同学不敢向老师请教，是因为这个知识点老师已经在课堂上讲了两三遍，他们害怕再提问会受到批评。其实被老师批评也不是什么坏事，在老师的督促下，我们更能及时发现自己的问题，从而有效解决。

2

当天的笔记当天整理

闹闹从来没有整理过课堂笔记，看着小豆芽把笔记内容整理得那么清楚明了，他也跟着学了学，不但归纳了知识点，还发现了自己的很多问题呢！

"闹闹，能把你的笔记本借给我看看吗？"下课后，小豆芽对闹闹说。

"好呀，你借笔记本做什么？不会是有什么内容没有跟上吧？"闹闹边把笔记本递给小豆芽边笑 hei ~ hei 着说。

"我在整理笔记呢，想参考一下你的笔记内容，看看自己有没有漏记的知识点。"小豆芽说。

"笔记还需要整理吗？"闹闹吃惊地问。

"当然需要啦！"小豆芽说。

"可是该怎么整理呢？"闹闹不解地问。

"我教你。"小豆芽对闹闹说，"你看看我的笔记本，是不是写得很乱，还有很多空着的地方？"

"是的`yes。"闹闹点头说。

"现在，我就要把这些空着的地方补充完整。"小豆芽边写边说，"还要把这些写得特别潦草的地方整理一下。"

"哦，是这样啊，那我的笔记也应该整理一下。"他翻看着自己之前记的课堂笔记，发现有些字连自己都看不懂，有的知识点还记录得乱七八糟的。

"还有这里，这几个知识点都是有联系的，可是我写得很乱，这儿一个，那儿一个的，这样特别没有章法，所以我要给这些知识点标上序号1.2.3.，以后一看就知道这些知识点的关系了。"小豆芽边做标记边说。

"哇哇!，真的好清楚呀！"闹闹太佩服小豆芽了。

回家后，闹闹学着小豆芽的方法把每门学科的笔记都整理了一遍。他发现，整理笔记的过程就是复习的过程，不但巩固了已学会的知识，还发现了自己没学扎实的知识呢。他决定，以后每天都要把各科的课堂笔记整理一遍。

学习有方法

有的同学在课堂上表现非常好，但成绩平平，这很可能是因为课后没有及时整理笔记。那么，我们该如何整理笔记呢？

课后，我们要趁热打铁，把当天的笔记整理一遍。 **课后及时整理**

查漏补缺 把漏记、跳记、略记的内容，在课后补充完整。

课后，把记得不准确、不清楚的地方修改过来，以免影响日后的复习。 **更正内容**

我们课后要对笔记内容进行梳理。比如，给内容标上序号，理顺笔记内容之间的关系、逻辑。 **理顺逻辑**

课后我们要对笔记内容进行整理，省略无关紧要的内容，让笔记更加简明扼要。 **简明扼要**

要点提示

我们整理笔记时需要参考以下内容。

课堂内容

回忆老师在课堂上讲述的知识点，并核对是否与笔记中记录的知识点一致。

课本知识

看看笔记中有没有与课本知识相违背的地方。

参考书知识

用参考书上的知识扩展、补充笔记内容。

同学的笔记

把自己的笔记和同学的对照，更容易查漏补缺。

3

和同学一起互补缺漏

张小喵和学习委员成绩优异 ，经常一起讨论课堂上所学的知识。今天一位女同学也加入"➕"了她们，还给她们带来了意外收获 呢！

下课后，张小喵和学习委员一起探讨课堂上所学的知识。

"袋子 里有八个红球，两个蓝球，每次摸出一个球，然后再把球放回袋子里，那我们摸到哪种球的概率大 呢？"张小喵问道。

"应该是红球吧，我不敢肯定。"学习委员回答。

"我也是。"张小喵提议说，"我们来做个实验 ，看看到底哪种球被摸到的概率大吧！"

"好呀！"学习委员用十张纸条 代替十个球，在其中八张纸条上写上"红" 红 字，在另外两张纸条上写上

"蓝" 蓝 字，打乱它们的顺序 ⊞，然后根据题目的要求做实验。

等实验完成后，她俩高兴地说 ◉◡◉："结果出来了，摸到红球的概率大！"

这时，一个女同学经过她们的身边，笑着说："这道题我也做过实验了，你们知道吗，摸到蓝球的概率比摸到红球的概率大 ％。"

"不可能！"学习委员反驳道。

女同学不甘示弱，把自己的实验记录拿给学习委员看。

"你记录的数据的确是这么写的，可是，谁知道你的实验过程有没有问题呢？"学习委员居然不相信这个女同学。

"我的实验过程没问题！"女同学非常生气 ，刚想分辩几句，这时数学老师走到她们身边，笑着说："其实你们都没有错。"

"都没错 ？这怎么可能呢？"学习委员惊讶地说。

"对呀，哪怕袋子里只有一个蓝球，其他都是红球，也有可能出现每次都摸到这个蓝球的情况呢！"老师解释道。

"这也太巧了吧！"张小喵吃惊 地说。

"这种巧事不就被这位同学遇到了吗？你们以后要经常这

样探讨问题，说不定还有意外收获 呢！"老师笑着说。

"我刚才评论你的实验结果时，想得不全面，误会你了，对不起！"学习委员由衷地对那个女同学说。

"没关系，下次再讨论新学的知识时，可别忘了带上我！"女同学诚恳 地说。

"那是当然！以后我们要经常一起讨论知识点，互相启发、互相查漏补缺 ！"张小喵高兴地建议道。

"太好了！"学习委员和女同学都同意她的提议。

学习有方法

我们课后该如何与同学一起互补缺漏呢？

同学求助时，我们要热情帮忙。下课后，如果有同学向我们请教课堂上的知识点，我们应该热情地给予帮助。 **热情帮助**

主动求助 我们要主动向同学求助。课堂上没有听懂的知识点，课后我们要及时向同学求助。

多找几个同学共同探讨知识点。下课后，我们可以和几个同学一起探讨课堂上所学的知识，这可以拓宽我们的思路，让我们更全面地学习和巩固知识。 **共同探讨**

虚心请教

有的同学在遇到难题时不好意思或不愿意向其他同学请教，这种做法是错误的。每位同学都有自己的学习技巧和对知识的理解。我们在遇到不懂或不会的知识时及时向其他同学虚心请教，就会让自己不断进步。

互通有无能让我们学得更好

下课后，我们有好的学习方法、新的解题思路、独到的见解等时，都应该主动和同学交流。这样，其他同学也会与我们交流自己的收获，大家互通有无才更有利于学习。

4

复习也要讲效率

张小喵的复习效率让虫虫既惊讶 又佩服，她居然能在半个小时之内完成基础知识的整理、知识框架的梳理和难点的探究。她到底用了什么方法呢？

这天，虫虫到表姐张小喵家学习。张小喵认真地看着笔记本 ，还在笔记本上写写画画的 。

"表姐，你在画什么呢？"虫虫凑过来问她。

"思维导图 啊！"张小喵边画边回答。

"你是在整理知识点吗？"虫虫知道，张小喵最喜欢用思维导图来归纳知识点了。

"不是，我是在复习。"张小喵说。

"复习还用得着思维导图吗？"在虫虫看来，复习只要看看书、看看笔记本就可以了。

"当然用得着了　　！"张小喵停下笔对他说，"一边复习一边画思维导图，可以快速找到　　复习的重点、难点，理清　　这些知识点的关系，还能发现自己不会的知识呢！"

"这么厉害呀！"虫虫看了看张小喵画的思维导图，确实非常清楚明了，一眼就能看出　　学了哪些知识，哪些是重要内容，哪些是基础内容，等等。

"还有更厉害的呢！"张小喵说着拿出一本练习本，介绍道，"这是我的'复习探究本'，专门用来记录复习收获　　的。"

"哇，快让我开开眼界　　。"虫虫拿过本子认真地翻看着，发现里面记录的都是张小喵在复习过程中对各个知识点的探究和深入思考。

"天啊，你每次复习都这么复杂吗？那得花多少时间啊？"虫虫感叹道。

"我的复习时间和你的差不多　　呀！"张小喵说。

"怎么可能！我复习基础知识都要花半个小时呢！"虫虫不敢相信张小喵的话。

"哈哈，告诉你吧，我复习的时候注意力特别集中，巩固基础知识十分钟就够了，剩下二十分钟专门用来探索难点，效

率很高的 。"张小喵说。

　　"看来，我要提高自己的复习效率了。"听了张小喵的话，虫虫觉得自己的复习效率实在是太低了 ，他决定摸索出适合自己的复习方法。

　　课后复习能帮助我们巩固课堂知识，提升成绩。但是，我们怎么复习才能事半功倍呢？

　　"好记性不如烂笔头"，课后复习时我们可以动笔写一写课堂上所学的内容。

动笔复习

画思维导图复习

　　想提高复习效率，我们可以利用思维导图整理、复习相关的知识点，这既能巩固课堂知识，也能梳理知识点的框架结构，让我们的复习更系统、全面。

　　我们围绕错题展开复习，更容易发现自己的不足，把知识点掌握得更牢固。

复习错题

要点提示

复习时要集中注意力

有的同学复习效果不好，就是因为复习时三心二意。我们应该一心一意、专心致志地复习，不做任何与学习无关的事情，比如看手机、玩儿游戏等。

复习也要做总结

我们可以准备一个"复习探究本"，把自己在复习过程中遇到的问题、收获、感想等记录下来，便于考前进一步复习使用。

巧用复习方法

复习方法有很多，但并非每种方法都适合我们，所以我们要多次尝试，找到更适合自己的复习方法，或者多种复习方法换着用，找到复习的乐趣。

5

间隔复习记得牢

同桌发现，小豆芽每隔几天就要把课堂上学的知识点复习一遍，知识点都被他记得特别牢固。怪不得他的成绩总是那么出色呢！

"小豆芽，你怎么又在复习《古诗三首》啊？"课间，同桌发现小豆芽在重复复习之前学过的知识，于是好奇地问道。

"这有什么奇怪的，我每隔几天就会把学过的知识复习一遍。"小豆芽轻描淡写地说。

"每隔几天就复习一遍？"同桌以为自己听错了。

"对啊！"小豆芽说，"每天上完课后，我都会在当天把新学的知识复习一遍，然后过两天再复习一遍，过五天再复习一遍。这样复习三四遍后，就不容易忘记了。"

"什么，你居然要复习三四遍？"同桌惊讶地说。

"怎么，难道你没有做过间隔复习吗？"小豆芽反问同桌。

"没有。我一般只复习两次，当天复习一次，考前复习一次。"同桌摇摇头说。

"那怎么行呢！这样知识点是记不牢的。"小豆芽说。

"什么间隔复习，你就是没事儿找事儿！"这时，闹闹又冒出来吐槽小豆芽。

"没事儿找事儿？那我问你，《望洞庭》的作者是谁？"小豆芽问闹闹。

"是……李白！"闹闹忘了是谁，就随便说了一个答案。

"是唐朝诗人刘禹锡。"小豆芽说。

"那又怎么样，我只是忘记了。"闹闹没底气地说。

"如果你坚持间隔复习，就不会忘记这些知识点了。"小豆芽告诉他。

"可是，间隔复习有点儿麻烦，我能一个月复习一次就不错了。"闹闹嘟囔 着说。

"一个月？间隔时间这么长 ，那你每次复习时不就像学新知识一样吗？这也太辛苦了吧！"小豆芽说。

闹闹心想："奇怪，他怎么知道得这么清楚？"

"我也有这种感受。"同桌插话说，"如果时间隔得太长，我复习时就觉得这些知识点特别陌生。"

"好吧，我以后尽量把复习的时间间隔缩短 一些。"闹闹不再嘴硬了。

"这样最好，否则考试前你又要抓狂了 。"小豆芽笑道。

　　间隔复习就是每隔一段时间就重复温习一次学过的知识。德国心理学家艾宾浩斯认为，人类有五个重要的长期记忆周期，分别是一天、两天、四天、七天、十五天，我们可以参考这个数据，分配好自己复习的时间间隔。

　　此时我们对课堂知识的记忆比较清晰，复习一次可以加深印象。

一天复习一次

　　此时继续巩固，可以强化记忆，让我们牢牢地记住知识点。

两天复习一次

　　此时及时复习一遍，能帮助我们强化记忆，仿佛把知识刻在我们的大脑中。

七天复习一次

要点提示

遵守间隔复习的时间

我们给自己规定了每个学科的间隔复习时间后就要严格执行，不能随意更改时间，也不能半途而废，否则会影响复习效果。

除了间隔复习之外，我们还要重视知识的系统性复习

比如，学完一个单元的知识后，我们要把所学的知识进行整理归纳，让知识更有条理性，形成清晰的知识框架。在考试前，我们要把整个学期所学的知识进行系统复习，以全面掌握所有的知识点。

学霸高效学习法

6步
时间
管理法

陈方俊 著

古吴轩出版社

图书在版编目（CIP）数据

学霸高效学习法. 6步时间管理法 / 陈方俊著. --
苏州：古吴轩出版社，2022.8
ISBN 978-7-5546-1914-8

Ⅰ．①学… Ⅱ．①陈… Ⅲ．①小学生－学习方法
Ⅳ．①G622.46

中国版本图书馆CIP数据核字（2022）第034448号

责任编辑：顾　熙
见习编辑：张　君
策　　划：马剑涛　汲鑫欣
版式设计：崔　旭

书　　名：学霸高效学习法. 6步时间管理法
著　　者：陈方俊
出版发行：古吴轩出版社
　　　　地址：苏州市八达街118号苏州新闻大厦30F
　　　　电话：0512-65233679　　　邮编：215123
印　　刷：唐山市铭诚印刷有限公司
开　　本：880×1230　1/32
印　　张：20
字　　数：336千字
版　　次：2022年8月第1版　第1次印刷
书　　号：ISBN 978-7-5546-1914-8
定　　价：148.00元（全4册）

如有印装质量问题，请与印刷厂联系。022-69236860

目录

本书主要人物介绍

小豆芽：男孩，三年级，聪明伶俐，活泼开朗，但有点儿骄傲，得理不饶人。

虫虫：男孩，四年级，性格憨厚，乐于助人，十分有耐心。学习认真刻苦，但缺少好方法，效率低。

闹闹：男孩，三年级，调皮捣蛋，粗心马虎，爱耍小聪明，但胆子大，敢于尝试，勇于承认错误。

张小喵：女孩，五年级，思维活跃，办法很多，但性格急躁，爱抱怨，爱生气。

第一章

改变习惯，
做时间的小主人

1

做每件事前，先想清楚步骤

班里新当选的女文艺委员组织活动的经验不多，面对协调六一联欢会的事儿十分头疼，好在小豆芽告诉她一个好方法，让她只用七天就把工作做好了。小豆芽到底告诉了她什么方法呢？

六一 **6·1** 儿童节快到了，学校正在筹备六一联欢会，要求每个班都必须表演两个节目。三年级二班 **3-2** 的这个重任就落到了新当选的女文艺委员的肩上。可问题是，这个文艺委员是第一次当班委，根本没什么组织活动的经验，这件事对她而言还是比较困难的。

这天，文艺委员组织班里的同学报名参加联欢会，大家非常积极，有唱歌的，有跳舞的，有朗诵诗歌的，还有表演小品的呢！

同学们很热情，但文艺委员一下子面对这么多事，有点儿手足无措。已经过去两天了，她还是没想好 😟 怎么开展自己的工作。

有一天，小豆芽问她："联欢会的事准备得怎么样了？"

"我还一点儿头绪都没有 😖 呢！"文艺委员说。

"我可以告诉你一个好方法。"小豆芽说 😏！。

"什么方法？你就快点儿告诉我吧 😢！"文艺委员摇晃着小豆芽的胳膊说。

"你要先把做这件事的步骤 1-2-3-4 想清楚，然后按顺序一步一步地完成！"小豆芽告诉她。

小豆芽帮文艺委员整理好思路后，和她一起把这件事分成四个步骤： ① 用一天的时间选出两个最出色的节目； ② 用四天的时间组织大家进行练习，提升大家对节目的熟练程度； ③ 用一天的时间对两个节目进行充分排练，加强舞台效果； ④ 用一天的时间对参加演出的同学做心理辅导，缓解大家的紧张情绪，为六一联欢会演出做好准备。

最后，文艺委员算了算，自己只用七天就能把这件事做好，效率非常高。她非常感谢 👉 小豆芽的帮助。

提前想清楚做每件事的步骤，然后一步一步地去执行，能很好地提高做事效率，让我们成为时间的主人。那么，做事前我们该如何安排做事步骤呢？

对要做的事进行分析，只有把握整件事的基本框架，我们才能列出更合理的做事步骤。

把握基本框架

列出执行步骤

我们可以先列出三个大致步骤：开头事项、中间事项、收尾事项，然后根据每件事的具体情况，对这三个步骤进行细分。

我们列步骤时就要想到可能面临的突发事件或比较难办的环节等，然后提前准备好应对这些情况的方法。

想好应对方法

要点提示

中途可以调整步骤，但不能偏离大方向

想清楚做事的步骤后，我们就要按照步骤执行，中途可以适当调整一些小步骤，但不能偏离大方向，否则就会耽误很多时间，甚至影响整件事的完成效果。

要及时做总结

总结的内容包括：做这件事花费的时间，顺利程度，完成的效果，自己在执行过程中的优势和不足，等等。经常做总结，可以为我们以后做同类事积累经验，提高做事的效率。

2

别拖拉，想好了就去做

张小喵的朋友一个星期前就打算做一只风筝了，可是到现在材料都没有备齐。不过，在张小喵的帮助下，她只用了一个多小时就把风筝做好了。张小喵告诉她，做事不能拖拉，想好了就要去做，这样才能节省时间。

一天 ☁，张小喵和一个朋友在小区里玩耍。

"你做的风筝呢？让我开开眼界 吧。"张小喵对朋友说。

"这个嘛，我还没有做好呢。"朋友红着脸 说。

"还差多少？我帮你一起做吧。"张小喵对这件事很感兴趣。

"唉，还差很多呢！我连材料都没有准备齐全 呢。"

朋友更不好意思了。

"什么？ 你上个星期不就把计划做好了吗，怎么到现在还没有备齐材料啊？"张小喵没想到朋友这么拖拉。

"那我该怎么办呢？"朋友也觉得自己做事太拖拉了。

"还能怎么办，当然是想好了就马上 去做啊！"张小喵说，"走，咱们现在就去买材料，今天就开始做风筝。"

她们买好了竹片、颜料 、丝线、胶带 、布条等材料后，就来到朋友家，根据做风筝的步骤一点儿一点儿地做起来。她们把竹片做成风筝的骨架，把布条粘在竹片上，剪成蝴蝶 的形状，然后涂颜色 、绑风筝线等，只用了一个多小时就做好了一个非常漂亮的蝴蝶风筝。

"怎么样 ，是不是很快就做好了？"张小喵问道。

"可不是嘛，一个多小时就能完成的事情，我居然拖了一个星期，真是太惭愧了 。"朋友诚恳地做了自我批评，决定做一个办事效率高的人，还向张小喵保证说，"我一定要改掉做事拖拉的毛病！"

"好啦，咱们去放风筝吧！"张小喵提议道。

"好，放风筝去咯！"朋友高兴地说 。

学习有方法

　　无论是在生活中还是在学习中，我们一旦想好了某件事就要尽快去做。不拖拉才能管理好自己的时间。那么，我们怎么做才能不拖拉呢？

　　想好要做的事后，我们必须树立一个具体的目标，有目标的指引和激励，我们做事的决心会更强，动力也会更大。 **树立具体的目标**

停止懒惰 　　做事拖拉的人大都较为懒惰。如果我们想好好利用时间，提高自己的做事效率，就要时刻提醒自己做一个勤劳的人，积极行动起来把事做好。

　　我们要想做事不拖拉，还要学会消除身边的干扰，专心致志地做事，比如，写作业时不玩儿手机，看书时不玩儿玩具，等等。 **消除干扰，专心做事**

加快做事速度 　　要想提高做事效率，我们还要加强自己的时间观念，用时间限制来加快自己做事的速度，让自己不再拖拉。

要点提示

把"必须做"变为"喜欢做",提高做事的热情

有的同学做事拖拉是因为他们顶着"必须做"的压力,对正在做的事会产生厌恶感。如果我们找到做这件事的乐趣和意义,就能把"必须做"变为"喜欢做",自然就会积极完成了。

不过度追求完美

有的同学做事拖拉是因为过度追求完美,总想把每件事都做到最完美,一旦出现瑕疵,就会不断修改、完善,导致浪费了很多时间。

3

把庞杂的事分解成小任务

买年货 可真麻烦呀！这一次妈妈决定和闹闹分工，先各自列清单，分解购物任务，然后再去购物。他们不到两个小时就把东西买全了。原来，把庞杂的事分解成小任务来做更省时呢！

快过年了 ，闹闹的妈妈要购买年货 。这天，妈妈正在列购物清单，闹闹低头一看，惊讶 地说："您要买这么多东西呀！"

"可不是嘛，你想不想 帮我减轻一点儿负担呢？"妈妈问他。

"当然想啊，我能为您做点儿什么 ？"闹闹热情地说。

妈妈想了想，说："咱们需要购买的东西很多，为了节省时间，我打算把大人和孩子的东西分开购买，我负责购买大人的东西，你负责购买孩子的东西，怎么样？"

"没问题！"闹闹拍着胸脯说，"包在我身上吧！"

"太好了👍！"妈妈高兴地说，"现在咱们开始分工，各自列购物清单📋，等会儿一起去超市购物。"

闹闹拿出纸和笔📝，列出孩子需要的东西。过了一会儿，两个人都写完了购物清单，妈妈看了看闹闹的清单，不禁笑道："哈哈，你列的清单太乱了，等会儿买东西时会很浪费时间的。"

"啊？为什么？"闹闹不明所以地摸着头说。

"如果你按照清单上列的去购物，就只能一会儿去玩具区，一会儿去零食🍟区，一会儿去其他购物区，多耽误时间啊！"妈妈告诉他，"你要把清单上的东西分解成几类，然后按类购物，这样才能提高效率📈。"

"您说得太有道理了！"闹闹按照妈妈的提示，开始重新写购物清单。

"我的清单写好了！"闹闹得意地把自己新写的清单拿给妈妈看。妈妈接过清单仔细看了看，闹闹把需要购买的东西分解成四类：零食🍪、玩具🧸、服装👕和文

具 。

"嗯，不错，咱们去享受快乐的亲子购物时光吧！"妈妈说。

两个人来到超市，每走到一个购物区，就把自己需要购买的物品放进购物车里。他们不到两个小时就把东西买全了，这比妈妈一个人购物省时多了呢！

"真是多亏了你帮忙啊！"妈妈高兴地摸着闹闹的头说。

"嘿嘿，这都是我应该做的！"闹闹昂着头，骄傲地说。

"其实，以后你遇到这种耗时长的事，比如做家务、写作业等，都可以把它分解成几类小任务，然后分类解决。"妈妈提醒他说。

"对呀，您说得太有道理了！"闹闹觉得自己又掌握了一项省时技能。

当我们遇到庞杂耗时的事时，只要把它按类分解成各种小任务，做起来就容易多了。那么，我们该如何分解它们呢？

对一件庞杂的事，我们要先对它进行粗略的分解，分解出几类中等任务。 **粗略分解**

细致分解 有时，我们还需要把粗略分解后的中等任务再分解成若干个小任务，把做事的难度降到最容易操作的程度，这样才更节省时间。

最后，我们要合理分配自己完成小任务的时间，进而争取以最快的速度完成整件事。

解决小任务

要点提示

及时总结和纠正

把庞杂的事分解成小任务来做时，我们在执行的过程中难免会出现一些小问题，比如，事件的发展方向有所偏离，做某件事耗时太长，在某个环节生出放弃的念头，等等。我们要边执行，边总结，边纠正，把握各个小任务的完成质量，这样才能确保整件事的完成效果。

分解的小任务不能过于细碎

分解出的小任务要尽量简单，但不能过于细碎，否则也会影响我们的做事效率。

4

闹闹今天有很多事🧶要做，还好妈妈教给他一个好办法，让他把这一天的事安排得井井有条。妈妈到底教给他什么好办法了呢？

今天是星期六📅，闹闹有很多事要做。

"闹闹，你一会儿出来一会儿进去的，到底在做什么❓呀？"妈妈看着在家里跑来跑去的闹闹，纳闷儿地问。

"您不知道，我今天很忙的！"闹闹着急地说。

"是吗，你今天都需要做什么？"妈妈问道。

"写作业📝、收拾房间🛏、陪您去菜市场🥦、和小豆芽去游乐场🎡、陪邻居家妹妹玩儿积木🏠、上绘画课🎨，事情很多的！"闹闹皱着眉头说。

"的确很忙。"妈妈接着说，"不过，我可以让你轻松一点儿。"

"您有什么好办法呢？"闹闹急忙问。

"你可以先给这些要做的事排序，然后按照顺序 **1-2-3** 去做，这样不就轻松多了吗？"妈妈说。

"可是怎么排序好呢 ②③① ？"闹闹犯了难。

"你可以按照事的紧急程度 ⚠ 来排序。"妈妈建议说。

"您是说把紧要的事排在前面，不紧要的事排在后面吗？"闹闹问道。

"不错，就是这样。"妈妈笑着说。

闹闹想了想，很快就有了思路：写作业最紧急也最重要，要马上完成；收拾房间不用急，但也很重要，可以安排在写作业的后面；上绘画课的时间已经定了，不能耽误；陪妈妈去菜市场并不重要，可以下次再去；去游乐场也不重要，但是小豆芽非常想去，今天一定要挤出这个时间；至于陪邻居家妹妹玩儿积木嘛，可以晚上 🌙 回来再说。

"好啦，就这么办 👍 ！"给这些事情排好顺序后，闹闹马上就开始写作业，然后收拾房间，上绘画课。等到下午一点钟，他高兴地和小豆芽去游乐场玩儿，直到下午五点钟**5pm**才回家。

"快去找邻居家妹妹吧，她都等你一下午了。"闹闹刚进家门，妈妈就对他说。

"好的，没问题。"闹闹的心情非常愉悦。

闹闹陪邻居妹妹玩儿了一个多小时才回家吃饭，在饭桌上，他兴奋地告诉爸爸妈妈："我今天过得特别充实，而且很开心。"

"看来我的方法很有用呀！"妈妈笑着说。

"多亏了您的好方法！"闹闹说，"以后再遇到这种情况，我还用这个方法来解决。"

学习有方法

一天中我们需要做很多事，如果用排序法安排这些事，做起来就会更加有条理。那么，我们该如何给这些事排序呢？

紧急的排在首位
就是必须马上去做，而且非常重要的事最先做。

重要的排在第二位
有些事虽然不急，但非常重要，我们应该优先去做。

次要的排在第三位
有些事情很紧急，但并不重要，我们只要保证把事做好就可以了。

不重要的排在最后
我们可以根据自己的情况决定是否去做，做到什么程度。

要点提示

严格按顺序做事

把需要做的事排好顺序后，我们就要按照这个顺序去做，做完第一件事再做第二件，以免影响自己的做事节奏和效率。

不必完成所有的事

忙完一天后，我们可能还有一些事没完成，不过没有关系，只要把紧急、重要的事做完就可以了。

提前为第二天做准备

前一天晚上，我们要想好第二天需要做的事，并按照自己的标准给这些事排序，这样第二天做这些事时就不会"胡子眉毛一把抓"了。

5

不在犹豫不决中浪费时间

　　虫虫其他各方面都好，就是做事太犹豫了，连报名参加朗诵比赛都想了好几天 。张小喵想出一个办法，很快就帮他把问题解决了。张小喵到底用了什么 办法呢？

　　今天是周末，张小喵去表弟虫虫家玩儿。她一进门就看见虫虫正看着窗外发呆 。

　　"虫虫，你在发什么呆呢？"张小喵问道。

　　"我特别想参加学校举办的朗诵比赛 。"虫虫说。

　　"好呀，那你报名了 吗？"张小喵高兴地问。

　　"还没有NO。"虫虫小声说。

　　"什么？今天下午 PM 报名时间就截止了，你怎么还没报名啊？"张小喵纳闷儿地问。

"我一想到要在那么多人面前朗诵就特别紧张。"虫虫难过地说，"这件事我都犹豫五天了，一直不敢做决定。"

"这没什么的，只要你把观众当作自己的好朋友就不会紧张啦！"张小喵笑着说。

"可是，我担心自己表现得不好，万一我在朗诵的过程中出错了，会被大家嘲笑，我还担心……"虫虫又说。

"你不用担心这些事的！"张小喵鼓励他说，"你想做什么就去做，别总是犹豫不决。"

"我也不想这样啊，可就是忍不住。"虫虫也很苦恼，"我该怎么办呢？"

"我倒是有个好办法，就怕你不配合。"张小喵转了转眼珠，想到一个好主意。

"什么好办法？说来听听。"虫虫好奇地说。

"你先去报名，报完名我才能告诉你。"张小喵故意卖关子说。

"那你向我保证你的方法一定管用。"虫虫还是有点儿担忧。

"我保证，我的方法一定管用！"张小喵做出一副保证的样子👆说。

"那好吧 ok。"虫虫真的太想参加这次比赛了，就答应了张小喵的提议。

虫虫报完名后，张小喵让他用一天 ☀ 的时间选出自己最想朗诵的诗歌或者课文。虫虫🐑 非常配合，认真地选择了自己最想朗诵的课文——《走月亮》🌙。第二天，张小喵又建议虫虫把每天的课余时间都用来朗诵这篇课文。虫虫也照做了。

三天 /3/ 之后，张小喵对虫虫说："从今天开始，你每天下午都要去小区公园大声朗诵这篇课文。"

于是，从这一天到比赛前一天，虫虫每天都去小区公园朗诵这篇课文。

张小喵的方法真管用，在比赛当天，虫虫以出色的表现获得了朗诵比赛的第二名🏆。

"太谢谢你了，表姐！"虫虫高兴地对张小喵说。

"这都是靠你自己的努力，我只是帮助你把犹豫不决的时间都用来练习朗诵了而已！"张小喵笑呵呵地说。

学习有方法

生活中，有些人做事总是犹犹豫豫，思考了很久都不敢采取行动。如果我们想成为时间的主人，就要做事果断，摆脱犹豫不决。那么，我们该怎么做呢？

有些人做事犹豫不决是因为太重视细枝末节的问题，结果被一些无关痛痒的小事束住手脚，无法大步向前走。

忽略细枝末节

充满自信

做事犹豫不决的人大都不够自信，他们不相信自己有能力把事做好，也害怕被别人评头论足。其实，只要我们内心充满自信，就能做成很多事。

要点提示

大胆尝试，不怕失败

　　有的人做任何事前都要思前想后，确保不会出现任何问题了才动手去做。可是，如果我们花费太多时间去思考，很可能会错过时机。反之，如果我们果断采取行动做一件事，只要努力付出过，哪怕最后失败了也是有意义的，因为我们收获了经验，得到了历练。

放弃也要果断

　　我们决定做某件事时要果断，放弃一件事时也要果断。在没有任何信心的情况下，我们与其在做与不做之间犹豫不决，不如干脆放弃这个想法，做一些更有把握的事。

第二章

科学规划，管好
用好时间"金矿"

制订合理的周计划、月计划

闹闹无意中发现，小豆芽居然制订了周计划 和月计划 ，怪不得他这么优秀呢 ！闹闹也想向小豆芽学习，我们一起来看看他们是怎么制订计划的吧！

放学路上，小豆芽和闹闹背着书包 ，并肩往家走。

"唉，这周我的计划又没有完成！"小豆芽 叹了口气说。

"什么计划 ？"闹闹没听明白小豆芽说的话。

"周计划，就是每周的计划。"小豆芽告诉他。

"每周都要有计划吗？这会不会有点儿麻烦 呀？"闹闹很不理解小豆芽的这个举动。

"告诉你吧，我不但有周计划，还有月计划呢！"小豆芽神气地 说。

"真不知道你制订那么多计划做什么，难道你都能完成吗？"在闹闹看来，计划没有变化快，写计划一点儿用都没有。

"制订计划是为了更好地管理时间呀！"小豆芽说，"虽然我不能保证完成周计划、月计划中的所有任务，但有了这些计划，我就能做更多的事。"

"是吗？"闹闹半信半疑地问。

"当然啦！比如这周，我虽然没有完成计划中的所有任务，但是我读完了一本课外书，写了三篇作文，还参加了一次义务劳动呢！"小豆芽说。

"哇，真棒呀！"闹闹没想到，小豆芽一周完成的任务比他半个月做的事都多。闹闹有点儿难为情了，他也想像小豆芽一样优秀，于是就问小豆芽："你能教教我怎么制订周计划和月计划吗？"

"没问题！"小豆芽大方地告诉闹闹，"首先你要想清楚自己每个月要完成什么任务，包括学习任务、生活任务、交际任务、运动任务、娱乐任务等。"

"需要这么详细吗？"闹闹觉得这有点儿复杂。

"一定要详细，否则我们怎么分配时间呢？"小豆芽接着说，"然后我们再根据月计划制订周计划，周计划的任务和月计划差不多，但是任务量要减少 ⬇。比如，我们计划每个月读完四本书，那么每周只需要读完一本书 [Book] 就可以了。"

"哦，是这样啊。"闹闹想了想又问，"可是这样会不会很累啊？"

"当然不会啦！"小豆芽解释道，"除了学习之外，我们还要把娱乐的时间也分配好 🍸，这样才能劳逸结合啊！"

"那就太棒了 👆！"一听到有娱乐时间，闹闹就高兴 起来了。

"哈哈，你就知道玩儿！不过，你以后一定要按照计划玩儿，不能再浪费时间 ⏰ 了。"小豆芽说。

"好的。"闹闹笑着说。

古人常说："凡事预则立，不预则废。"因为制订计划可以帮助我们合理安排自己的时间，让自己学得更高效，玩儿得更痛快。那么，我们该如何制订周计划和月计划呢？

我们要把自己每个月应该做的事想清楚，然后具体列出，一项一项地完成。 **制订月计划**

制订周计划 根据月计划制订周计划。周计划是月计划的分解版，要把月计划落实到每周内，要写清楚每周必须做的事。

正确合理的目标能激发我们做事的积极性，让我们更好地执行计划。 **标明计划的阶段目标**

要点提示

制作计划表格

制订完周计划、月计划后，我们还要制作计划表格，记录自己每周、每月的任务完成情况。

每天坚持打卡，记录完成计划的感悟

我们每天都要坚持打卡，一是可以完成计划目标，二是能锻炼我们的耐性，让我们变得更有毅力。

每个计划的结尾都要设立感悟区，用来记录我们这段时间的感想、领悟、收获、不足等，能激励我们再接再厉。

根据实际情况制订计划

每个人的实际情况不同，制订计划时我们要针对自己的需求。

2

闹闹每天放学后都忙叨叨的，写作业、踢球、看电视……有做不完的事。奇怪的是，他上初中的表哥却非常轻松，还有时间看课外书呢！表哥是怎么做到的呢？

闹闹觉得当小学生太幸福了，每天下午四点半 4:30 就放学了，可以玩儿很长时间。

今天下午，他和几个小伙伴一起去踢球，快六点才回家。在他家暂住的表哥这时已经写了半个小时的作业了。

闹闹回家后一会儿看电视，一会儿听歌，一会儿吃零食，一会儿玩儿玩具。直到晚上九点才写完作业。

再看看表哥，虽然已经上初中了，但是他早就写完作业了，正在看课外书呢！

表哥来的这几天，闹闹发现他一直很清闲☕，就纳闷儿地问："表哥，你们初中生的作业不是很多吗，你们放学又晚🌙，怎么那么快就把作业写完了？"

"哈哈，因为我比你会管理时间⏳啊。"表哥笑着说。

闹闹笑嘻嘻地说："好哥哥，你也教教我怎么管理时间吧，我不想每天都这么晚才写完作业！"

看到闹闹可怜兮兮的样子，表哥就把自己的时间管理表递给他。闹闹看完之后都惊呆😱了：表哥把放学后的五个小时都安排得满满的，吃饭🍕的时间、听音乐的时间、玩儿的时间等都写得清清楚楚，每一分钟都被充分利用。

"太厉害了！我能抄✏一份你的时间管理表来用吗？"闹闹十分佩服👍表哥。

"你放学后的安排和我的又不一样，怎么能照抄呢！"表哥说。

"那我该怎么办❓呢？"闹闹觉得表哥的时间管理表非常完美，不照抄就太可惜了。

"你可以做一份自己的时间管理表啊！"表哥说着就拿出一张白纸📖，指导闹闹做时间管理表📅。"放学后先回家写作业，别只顾着玩儿。"表哥说。

"刚放学就写作业啊？我不喜欢 这样！"闹闹不高兴地说。

"你可以稍微休息一会儿呀，比如二十分钟**00：20**。"表哥建议道。

在表哥的指导下，闹闹做了一张既能让他早点儿完成作业，又能让他玩儿个痛快的时间管理表。

第二天 放学后，闹闹按照这张表来安排作息，果然轻松了很多，不到晚上八点就把作业 写完了，还看了动画片、打了羽毛球 ，特别充实 。

我们一起来看看如何管理时间吧!

一般来说,从早上7点30分到下午4点30分是上课时间,从下午4点30分到晚上9点30分是课后时间,从晚上9点30分到第二天早晨6点30分是睡眠时间,从早晨6点30分到7点30分是上学前的时间。

划分每天的时间

早晨时间紧 早晨上学前的时间比较紧,不安排其他事。

在学校的九个小时,我们上课要好好听讲,下课适当放松和运动。

利用好在校时间

放学后合理安排写作业、看书、吃饭以及娱乐的时间。

分配好课后时间

要点提示

很多成就非凡的人都十分擅长管理时间，那么，他们的时间管理有什么特点呢？

早起

他们都会早起，让自己充分享受阳光，这样能帮助他们振奋精神，集中注意力。

运动

无论多忙，他们总会抽时间做一些运动，这样既能锻炼身体，又能提高学习、工作效率。

劳逸结合

他们把整块的时间用来睡觉和工作，其他的碎片时间也充分利用起来，比如娱乐、会客、陪伴家人、吃饭、阅读等，让自己过得非常充实却不会太累。

3

做一个守时的人

虫虫和张小喵约好一起去看电影，可是虫虫迟到了，张小喵非常生气。在爸爸的引导下，虫虫主动向张小喵道歉，并下定决心要改掉不守时的毛病。

今天是周末，张小喵和虫虫约好下午一起去看电影。此时，张小喵正站在小区大门口，一边看手表，一边焦急得直跺脚。

"这个虫虫，怎么还不来呀！"她气呼呼地说。

"喂，表姐，我来啦！"这时，虫虫气喘吁吁地向她跑来。

"你干什么去了，都迟到三十五分钟了！"张小喵气坏了，大声说道，"电影还有十分钟就开演了，咱们现在去已经来不及了。"

"啊？已经这么晚了呀？"虫虫挠挠后脑勺，非常抱歉地说，"对不起 ，我一不小心睡过头了 。"

"你总是这样，一点儿时间观念 都没有！"张小喵丢下这句话，生气地跑回家了。

虫虫知道自己闯祸了，可是事情已经发生了，他也不知道该怎么办。虫虫垂头丧气 地回到家，郁闷地趴在沙发上。

"咦 ？你不是和小喵去看电影了吗？怎么这么快就回来啦？"爸爸奇怪地问。

"别提了，我迟到了，害得表姐连电影都没看成，她很生气 。"虫虫难过地说。

"既然是这样，你怎么还趴在这里？难道不应该做点儿什么弥补一下错误 吗？"爸爸严肃地说。

"可是，电影已经开演了呀！"虫虫觉得已经没有办法补救了。

"我的意思是，你应该马上向小喵道歉 sorry，并保证从此改掉失信、迟到的毛病。"爸爸说。

"可是，我该怎么改呢？"虫虫无奈地说。

"很简单啊，睡觉要定时 ，出门戴手表 ，做事预留时间，只要时刻重视时间，你就不会迟到啦。"爸爸建议道。

"您说得对，如果我午睡时定了闹钟，今天就不会迟到了。"虫虫说着，赶紧打电话 📞 向张小喵道歉，并向她保证 ✋ 以后再也不出现这种情况了。

张小喵接受了他的道歉 🌼，还约好下个星期再和他一起看电影 🎞。她说："你要遵守诺言，不许 ✋ 再迟到！"

"没问题 **ok**！"虫虫打包票说。

时间就是生命，守时既是珍惜自己的生命，也是对他人生命的尊重。那么，我们怎么做才能守时呢？

做某些事时我们实际花费的时间往往比计划的要多，因此，我们应该预留出一部分时间。比如，完成语文作业需要二十分钟，为了以防万一，我们要预留出半个小时写语文作业。

预留时间

设置提示

设闹铃、在书桌旁贴用来提示的便利贴等，这样可以时刻提醒我们记住重要的时间点，以免误时。

要点提示

守时就是尊重大多数人的时间

比如，我们在学校要遵守校园作息制度，按时上下课、吃饭、休息等，如果哪位同学不守时，就会对集体产生不良影响。

守时是对他人的尊重

比如，我们要准时赴约、赴宴，以免让他人等待，浪费他人的时间。一个守时的人更容易得到他人的尊重。

守时是对自己的生命负责

比如，我们要遵守自己制订的时间表，按时休息、学习、运动、娱乐等，充分利用每一分钟，这样更有助于我们充实自己的生活。

4

再忙也要做好时间日记

　　闹闹的同桌变得越来越优秀了，她是怎么做到的呢？闹闹发现，原来她一直在写时间日记，把自己的时间管理得井井有条。闹闹也试着写时间日记，一段时间后真的有很大进步呢！

　　教室里，闹闹的同桌正在写日记，她在本子上写道："我今天早上六点半起床，七点吃完早饭，在上学的路上，我发现一群蚂蚁在打架，就停下来看了一会儿，到学校的时候已经七点半了……"

　　"哈哈，你写的内容很像流水账啊！"闹闹经过同桌时瞟了一眼她的日记本，然后大笑起来。

　　"我写的是时间日记，又不是作文！"同桌不屑地说。

　　"时间日记？什么是时间日记？"闹闹还从来没听

说过这种日记呢。

"就是记录时间的日记啊！"同桌说，"我把自己每天做了什么事情都记录下来，这样就能知道自己把时间都花在哪儿了。"

"这有什么意义呢？"闹闹吐槽道，"即便你知道自己把时间花在哪里了，你也控制不了时间呀。"

"但我能控制自己啊！"同桌争辩说，"比如，今天我花了三个小时玩耍，这有点儿太浪费时间了，明天我就会把玩耍的时间缩短到两个小时。"

闹闹觉得她说得有道理，于是心想："也许我也应该写写时间日记。"

从这一天起，闹闹也开始写时间日记了。但写了一段时间后，他发现自己的生活并没有什么变化。于是，他问同桌这是怎么回事。

"嗯，那你分析过自己的时间日记吗？"同桌问他。

"啊，没有。"闹闹不明白同桌为什么这么问。

"如果你不分析总结，那么写时间日记就没有什么意义。"同桌告诉他，"我们每天都要分析时间日记，看看哪些时间浪费了，应该如何节省时间，这样才能把自己的时间管理好呀！"

"嗯，你说得对👍！"闹闹说。

从此，闹闹每天都会分析一遍时间日记，看看自己有没有浪费时间☀。渐渐地，闹闹发现自己变了：玩耍🛹的时间少了，看书📖的时间多了，上学不✋迟到了，做事也更有条理了……很多人都夸他进步了呢✈！

学习有方法

想管理好时间，我们就要知道自己把时间都花在哪里了。所以，我们无论多忙都应该利用好时间日记。那么，时间日记该怎么用呢？

写时间日记就是记录自己每天做了什么，做每件事花了多少时间。 **记录生活**

分析时间日记 看看自己把时间花在了哪些事上，获得了哪些收获，浪费了多少时间，等等。

分析完时间日记后，我们要根据具体情况调整自己的做事时间，把时间用在更有价值的事上，并争取充分利用每一分钟，提高自己的做事效率。

调整做事时间

根据时间日记合理分配精力

记录时间日记后，我们会发现自己一天的精力是有变化的，比如，上午做事效率很高，中午精力最差，下午精力又好起来了。我们可以根据自己的精力变化安排相应的事。

随时随地记录时间

要想详细地记录自己每天所做的事，我们就要尽量做到随时随地记录，或者多次定点记录。比如，我们每隔两个小时记录一次，或者每天早晨、中午、下午、睡前分别记录一次。

要定期整理时间日记

比如，每个星期或每个月整理一次，总结出自己各个阶段的时间管理经验，让自己越来越会管理时间。

5

规划好作息时间才能高效做事

张小喵的做事效率总是很高↑，虫虫可羡慕了，以为她有什么诀窍呢，张小喵却说："我只是作息时间规划得比较好罢了！"规划好作息时间也能提高做事效率吗？

放学了，张小喵和虫虫一起回家。

"表姐，你知道咱俩最大的差别👉是什么吗？"虫虫对张小喵说。

"不知道，是什么？"张小喵好奇地问。

"我觉得你的精力特别旺盛，不像我，总是一副没精打采的样子。"虫虫说。

"哈哈，那是因为我规划好了作息时间呀。我的作息特别规律 ➡➡，几乎每天都能做到劳逸结合。"张小喵笑着说。

"规划作息时间？除了睡觉 🌙💤 时间和学习 $a+b$ 时间之外，还有什么可规划的呢？"虫虫十分纳闷儿😕。

"学习时间包括课堂时间和课余时间；休息时间除了睡觉时间之外，还有娱乐🎤时间呢！"张小喵认真地说。

"你是怎么规划作息时间的？"虫虫好奇地问😲。

"我们每天在学校的时间大约是九个小时（09:00），我给自己规划的课余学习时间大约是三个小时。那么，我的休息时间大约是十二个小时，其中，睡眠时间约十个小时，娱乐时间约两个小时。"张小喵向虫虫介绍道。

"可是，娱乐时间具体该怎么❓规划呢？"虫虫从来没有认真考虑过这个问题。

"如果学习累了，我就会运动🏋一会儿，让大脑🧠得到放松，这样就能提高学习效率了。"张小喵接着说，"如果身体疲惫了，比如走了很远的路⛰，做了很长时间的家务🧹，我就会坐下来或者躺下来休息一会儿，让身体得到放松。"

"没想到规划作息时间居然有这么多讲究啊！"虫虫十分惊讶😰。

"可不是嘛！规划作息时间也是一门学问呢！你要调整好自己的学习和休息时间，养成好习惯 ，这样就能让自己的精力更充沛了。"张小喵提醒他。

　　"好吧，让我好好想一想。"虫虫开始思考规划作息时间 的事。他把自己每天精力最旺盛的时间段、疲惫期等一一记录下来，然后制订了一个合理的作息计划表 。

　　"哇，你把作息时间规划得很合理呀！"张小喵看了他的作息计划表后忍不住赞叹 道。

　　"嘻嘻，都是你教得好。"虫虫高兴地说。

　　有了这个作息计划表，虫虫的作息越来越合理 、有规律了，学习和做事的效率也提高了 。

学习有方法

我们合理规划好自己的作息时间后，就能养成良好的作息习惯，做到劳逸结合、精力充沛。那么，如何规划作息时间才能让我们精力更充沛呢？

要想让自己精力十足，就要保证有充足的睡眠。不过，我们的睡眠时间不能太长，否则会越睡越困，导致头昏脑涨。

睡眠充足

适当运动

科学家发现，如果我们每天锻炼半小时以上，大脑会更清醒，精力也会更旺盛，对提高做事效率非常有效。

我们做事、学习时应该做到张弛有度，不能从早到晚都非常疲惫，也不能过于清闲，要有松有紧，这样能让身体和大脑得到休息，提高我们的做事效率。

做事、学习张弛有度

选择恰当的休息方式

　　休息包括"活动休息"和"安静休息"。"活动休息"就是通过活动的方式让大脑得到放松，如做体育运动、唱歌、跳舞等，这种休息方式适合大脑疲惫时使用。"安静休息"就是让身体得到放松，如坐下、躺下等，适用于身体疲惫时。

根据精力变化的规律调整自己的作息时间

　　我们可以根据自己的身体和精神状态的变化规律，制订一个合理的作息时间表，让自己既能休息好，又能提高做事效率。

第三章

杜绝磨蹭，
拼效率而不是拼时长

I

认真听课，写作业才能效率高

闹闹很"刻苦"，每天都要学习到很晚。小豆芽却说："他那不是刻苦，而是学习效率不高！"这到底是怎么回事呢？

闹闹写作业的时间很长，几乎每天都至少要花三个小时。一次课间，几个同学在讨论他学习"刻苦"的事。

"别看闹闹平时那么调皮，其实他学习挺刻苦的，每天都学习到很晚呢！"一位同学说。

"对，他经常下课了还在学习呢！"另一位同学说。

"哈哈，他那不是刻苦，而是学习效率不高！"小豆芽听了他们的讨论后笑着说。

"啊？不可能吧？"这两位同学疑惑地说？？。

"不信？那你们自己去问他呀！"小豆芽说。

"唉，小豆芽说得没错，我不是刻苦，只是作业太难了，我每次都要花很长的时间才能写完。"闹闹诚实地说。

"你想过要提高自己写作业的效率吗？"小豆芽问他。

"当然想过啦！比如课后复习、多看参考书。"闹闹认真地说。

"根本不需要这么麻烦！"小豆芽说，"咱们的家庭作业一点儿都不难，你只要上课认真听讲，就能很快完成作业的。"

闹闹想想小豆芽说的话，突然意识到这就是他学习效率低的原因。他上课时很难集中注意力，听着听着就走神儿了，所以课后要花很多时间弥补课堂上落下的知识。

"小豆芽，你真是太厉害了，一下子就看出来我上课没有认真听讲啊！"闹闹佩服地说。

"我虽然不是你的同桌，但是总能发现你上课的时候开小差，今天刚好提醒提醒你。"小豆芽笑着说。

听了小豆芽的话，闹闹决定要好好提升自己的听课效率。他对坐在自己前后左右的几位同学说："大家如果发现我上课走神儿就提醒我一声🔔，非常感谢啊！"

"没问题，包在我们身上。"这几位同学说。

一个星期📅后，闹闹真的进步了，不但写作业的速度快了⭐，连复习的时间都短了，甚至有了更多的时间来看课外书。

"认真听课真的能节省时间啊🥢！"闹闹欣喜地说。

学习有方法

有的同学上课不认真听讲，导致课堂知识掌握得不扎实，以致经常要花很长时间才把家庭作业写完。那么，我们怎样才能提高自己的听课效率呢?

只有集中精力听讲，我们才能紧跟老师的节奏和思路，高效掌握课堂上所学的知识。

集中精力听课

积极思考

除了认真听课，还要做到积极思考老师讲授的知识，从不同角度分析问题。

认真听课的同时还要加入课堂互动，积极回答问题，参加小组讨论，等等。向老师和同学展示自己的观点，与大家分享知识和心得，这样更能强化课堂学习效果。

参与课堂互动

要点提示

遵守课堂纪律

想做到认真听课，我们就要遵守课堂纪律，不该说话时保持安静，这样既能让自己集中注意力，也不会打扰周围的同学。

给自己找个监督员

如果我们的自控力不强，无法做到上课认真听讲，可以从座位附近找同学做我们的监督员，让他们在适当的时候给我们提个醒。

边听课边记笔记

听课时适当动笔记录老师讲的内容，可以防止我们走神儿，提高听课效率。

2

"限时法"让你写作业更迅速

虫虫的同桌写作业太拖拉了，虫虫用一个小时写完的作业，她用了两个小时都没完成。这到底是怎么回事呢🔍？原来，同桌的时间观念不强，总是边写边玩儿，一点儿都不认真。

"咱们出去玩儿吧。"一天下午放学后，虫虫很快就写完作业了，然后给同桌打电话📞，约她出去玩儿。

"不行ＮＯ，我还没写完作业呢！"同桌说。

"是遇到不会做的题目了吗？"虫虫问她。

"不是，今天的作业挺简单的。"同桌回答。

"那你怎么还没写完呢？"虫虫十分纳闷儿。

"我也不知道啊！我一回家就开始写作业了，都写一个多小时了。"同桌无奈○ ○ ○地说。

"那你继续写吧 📜　　，我就先出去玩儿了。"虫虫挂了电话就去小区广场找其他同学玩儿了 🏐 。

　　第二天 ☀️ 放学后，同桌和虫虫约着一起写作业，这下虫虫可算明白为什么同桌写作业那么慢了。同桌写作业时一刻也不消停，一会儿发呆 👀 ，一会儿抠指甲，一会儿又跑出去喝水 🍵 。短短半个小时，她已经离开座位五次了。

　　"你写作业也太不专心了，都影响到我了 😓 ！"虫虫有点儿生气地说。

　　"对不起，对不起 😭 ，不过咱们还有很长时间呢，我保证不再三心二意了。"同桌说。

　　"很长时间？难道放学后的时间你都用来写作业吗？"虫虫不可思议地说。

　　"对呀 💡 ，这样我们的时间就不会太紧了。"同桌说。

　　"你太缺乏时间观念了，怪不得写作业这么慢 🐌 ！"虫虫吐槽道。

　　"那你是怎么写作业的呢？"同桌也很想知道，为什么虫虫每次写作业都那么迅速 🚀 。

　　"我每次写作业都会给自己限定时间啊，一般不能超过两个小时。"虫虫说。

"你每次都能在两个小时内把作业写完吗？"同桌问道。

"差不多吧，作业少的时候我不到一个小时就能完成。"虫虫说。

"好厉害呀！我一定要试试这个方法。"同桌拍手称赞道。

在虫虫的指导下，同桌定了闹钟，时间是一个半小时。有了时间限制后，同桌的注意力集中了，写作业的效率得到提升，闹钟还没响就完成了任务，她别提有多高兴了。

学习有方法

有的同学写作业时总爱拖拖拉拉，一个小时就能完成的作业，往往要花两三个小时才写完。那么，我们如何改掉写作业拖拉的毛病呢？

我们每次写作业之前要定一个时限，这样我们就会产生紧迫感，从而提升写作业的效率。

写作业要有时限

提高专注度

我们可以在书桌上放一个定好时间的闹钟，在闹钟响之前，我们要一直专心致志地写作业，这样可以帮助我们提升写作业时的专注度。

遇到难题我们要适当放一放，等做完其他作业了再认真思考、解决它。

放一放难题

要点提示

写作业拖拉，也与我们的情绪有关

有的同学讨厌某门学科，就会带着烦躁的情绪去写作业，导致效率非常低。这就需要我们了解这门学科对我们的帮助，接受与它相关的作业，从而以认真的态度写作业。

写作业拖拉，有时也与对自己要求太高有关系

有的同学写作业时对自己的要求很高，字写得不好看会擦了重写，书面不整洁会撕了重写，直到让自己满意为止，这样很浪费时间。我们平时写作业应该轻松一些，只要字迹工整、书面干净就可以了，不需要过于追求"完美"。

3

利用学习手账管理日常学习

小豆芽有一本非常漂亮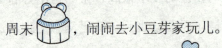的学习手账，闹闹可羡慕了，也做了一本很有个性的学习手账。在手账的激励下，闹闹越来越喜欢学习，连成绩都提高了呢！

周末，闹闹去小豆芽家玩儿。

"小豆芽，你这花花绿绿的本子是干什么用的？"闹闹发现小豆芽的桌子上放着一本漂亮的笔记本。

"这是我的学习手账，专门用来整理学习任务的。"小豆芽说。

"手账？是不是大人们经常使用的那种记事本？"闹闹好奇地问。

"对呀，我妈妈就有一本消费手账，专门记录我们家的收入、投资、花销等。"小豆芽骄傲地说。

"哦，我想起来了，我表姐有一本旅游手账，是专门记录各种旅游✈️计划、经历和感想的，上面还有很多景区的照片🖼️呢！"闹闹也颇为神气地说。

"太棒了，我一直都想做一本旅游手账呢！"小豆芽接着说，"不过，我的学习手账就是仿照旅游手账做的，也很精彩哦，你可以翻开看看。"

"好！"闹闹迫不及待地打开小豆芽桌子上的本子，认真地翻看起来，还不禁赞叹！！道，"哇，你的英语学习ABC手账好漂亮啊！比我表姐的旅游手账还要漂亮！"

"哈哈，你过奖了！我只是画🖌️了一些自己喜欢的图案而已。"小豆芽高兴地说。

"不只是图案，你还把这些单词word分了好几个小板块，看起来又清楚又吸引人。"闹闹真的太佩服小豆芽了，他简直是多才多艺。

"虽然是学习手账，但我也要把它设计得轻松、有趣一些，不然我也不能保证自己可以一直坚持写✏️下去。"小豆芽说。

"我也想做学习手账！"看着小豆芽的漂亮的学习手账，闹闹羡慕不已😊。

"好呀，我可以帮你。"小豆芽热情地说。

他陪着闹闹买了一本手账本，然后手把手教他怎么记录任务、布置任务板块、画图、使用图标等。

"我要设计一本独一无二的'闹闹手账'！"闹闹兴奋地说。

自从有了学习手账后，闹闹每天都给自己布置学习任务，并记录学习成果、总结学习心得等，连学习成绩都提高了不少呢！

学习有方法

学习手账该怎么做呢?

手账本最好像笔记本一样,容易携带,便于我们随时记录。 **选择合适的本子**

选择手账类型 手账大致分为三类:效率型、日记型和剪贴画型。效率型就是用来记录各种事务、目标等的手账。日记型就是类似日记的手账。剪贴画型就是将文字和精美的剪贴画配合使用的手账。

记录学习任务时,我们要把每个时段的任务或者目标写在手账的第一页。 **写清学习目标**

列出重要事项 我们每天都要把自己学习中的重要的事项标注出来,以免忘记。

　　手账中的文字不能太密、太多，否则看起来会很吃力，影响我们记手账、看手账的乐趣。手账中的目标一定要量化、具体。比如，背诵十个英语单词、写一篇日记、看十页课外书等，这样更有目标性和激励性。

为了方便记录，我们可以用图标代替文字

　　我们使用的图标要简单易懂，意义固定，而且是长期使用的，否则容易记混。

自己的手账自己做主

　　我们可以发挥自己的想象力随意设计手账板块、风格，加入各种有趣的元素，让自己每天都有记手账的兴趣。但是，我们做学习手账是为了让学习更有条理和提高效率，所以我们不能花费太多时间去装饰它，简单大方即可。

4

　　闹闹和小豆芽都发现网络学习能节省很多时间，就经常在网络平台上 *e* 上课。可是，过了一段时间后，小豆芽收获颇丰 💰，闹闹却被父母教训了一顿。这到底是怎么回事呢？

　　这天下午，闹闹去找小豆芽玩儿，发现小豆芽正在玩儿电脑 🖥。

　　"好啊，你居然不学习，玩儿起了电脑！"闹闹开玩笑地说。

　　"你以为我在玩儿游戏 🎮 吗？才不是呢，我是在学习 🖼！"小豆芽笑着说。

　　"你在学什么？ **???**"闹闹赶紧凑过去看。

　　"我在找一些学习资料，还有重点题型。"小豆芽边浏览网页边说。

"我也经常用电脑找资料，比去图书馆 查书要快多了。"闹闹说。

"除了查资料 ，我还在一个网络平台上学习英语呢，想听哪个知识点就听哪个知识点，还能随时向线上的老师提问 。"小豆芽告诉闹闹，"最近我的英语水平提高 了不少呢！"

"是吗？你把这个平台推荐 给我吧，我也想好好学英语。"闹闹说。

小豆芽把平台推荐给闹闹后，闹闹当天就开始在这个平台上学习了，他觉得网络学习真的又方便又省时 。不过，闹闹没能一直好好利用网络来学习。

过了一段时间 ，小豆芽问闹闹："你的线上英语课学得怎么样了？"

"唉，因为线上学习的事，我被爸爸妈妈教训了一顿。"闹闹不好意思 地说。

"这是怎么回事？"小豆芽纳闷儿地问 。

"因为我上课的时候忍不住看了一些其他信息，然后就糊里糊涂地玩儿上了网络游戏。"闹闹说，"就因为这个，爸爸惩罚我一个星期不许用电脑。"

　　"这都是你禁不住诱惑造成的！"小豆芽说，"网络学习的确很方便、省时，但如果你管不住自己，胡乱浏览网页、玩儿游戏，那就是弊大于利了！"

　　"我已经知道错了！"闹闹说，"我以后一定认真上课，不再看其他的网络信息了。"

　　"知错就改，善莫大焉！"小豆芽笑着说。

　　从那之后，闹闹真的改正了错误，每次上网课他都把无关的网页关掉，专心学习。

学习有方法

　　尝试过网络学习的同学都能感受到这种学习方式的方便、省时。那么，我们如何利用网络提高学习效率呢？

　　网络学习平台琳琅满目、良莠不齐，我们要向老师和家长请教，选择较好的平台。●————

选择好平台

●———— 已学会的知识可以直接跳过，不懂的知识可以多听几遍，可以选择自己喜欢的老师授课，等等。

有选择性地学习

　　各个网络学习平台都设置了课程答疑专区，我们遇到难题可以向老师提问，直到完全理解、掌握为止。●————

积极提问

要点提示

不能完全依赖网络

　　网络学习虽然方便，但不能取代线下的老师和课堂，我们依然要充分享受校园的学习生活，和老师、同学们一起快乐学习。

网络学习量力而行

　　网络学习平台的信息量比较大，较多的信息可能超出我们的接受能力，可能让我们产生很大的学习压力，所以我们要调整好心态，不能一味贪多。

抵挡诱惑

　　利用网络学习时要注意抵挡诱惑，不能被游戏、社交软件、广告等吸引注意力。

5

遇难题请外援更省时

虫虫有道题不会做，他苦思冥想 了半天也没有找到解题思路。不过，在张小喵的提示下，他只用几分钟就把这道题解决了。这次经历让虫虫明白了：遇到难题要及时请外援，否则太容易浪费时间了。

周末的下午，虫虫来到表姐张小喵家，和她一起写作业。

"哪道题不会？我帮你看一下吧。"张小喵看了虫虫半天，发现他一直在苦思冥想，眉毛都皱成一条曲线了。

"不用了，我想自己把这道题做出来。"虫虫说。

"可是，你已经想了半天了，这样做题效率有点儿低呀。"张小喵说。

"那我该怎么办呢？"虫虫无奈地问。

"当然是请外援啊！"张小喵回答。

"老师说了，有问题要先自己解决，不能动不动就问别人。"虫虫拒绝道。

"老师的意思是，你不能照抄别人的答案，但可以向别人请教啊！"张小喵说，"如果你一直这么坐着干想，会浪费很多时间的。"

"其实，我也正发愁该怎么办呢。"虫虫说。

"你好歹先看看参考书，参考一些同类题型的做法吧。"张小喵在引导他如何请外援。

"我怎么把这茬给忘了？"虫虫赶紧打开参考书，学习同类题型的解法，可是看了一会儿，还是不会做那道题。他抬头看着张小喵，可怜巴巴地说："我还是不会做，你能教教我吗？"

"好啊。"张小喵开始给他讲述那道题的解题思路，只用几分钟就把题解出来了。

"原来这道题也没那么难嘛！"虫虫看着自己写出来的解题步骤，说，"我原先居然花了那么长时间思考。"

"可不是嘛！以后遇到这种情况，别再自己花大半天的时间去琢磨了，要懂得寻求帮助 SOS！老师、同学、家长，都可以的。"张小喵说。

"如果我在家写作业遇到难题，而爸爸妈妈不会做那道题时，我该怎么办呢？"虫虫又问。

"你可以打电话问老师、同学呀！"张小喵告诉他。

"对呀！我怎么没想到。"虫虫笑着说。

学习有方法

我们在学习、写作业的过程中经常会遇到难题，为了提高学习效率、节省时间，我们就要善于请外援。那么，我们该向哪些外援求助呢？

我们遇到难题可以向父母求助，多与父母交流学习，这样可以提高我们的学习效率。

向父母求助

向老师求助

遇到难题也可以向老师求助，老师能清楚地知道我们的不足之处在哪里，讲解时也更有针对性，效率更高。

遇到难题还可以向其他同学求助，学习同学们的解题思路等，集思广益，就能把难题解决了。

向同学求助

要点提示

先思考，再求助

寻求外援前我们要先自己思考，也许在思考的过程中就能找到解题思路；即便思路不正确，我们在向他人提问时也更有针对性，也更容易理解他人讲授的解题方法。

自己消化知识点

遇到难题时向他人求助能提高我们的学习效率，但无论向谁求助，我们都不能只寻求一个答案，而要认真思考他人的解题思路，彻底消化这道题目中的知识点等。

巧用工具书

遇到难题时我们还要善于查找工具书和参考书，这些书籍中有各种知识点和解题方法、思路等，可以帮助我们解答难题。

第四章

聚沙成塔，
碎片时间也有大用途

碎片时间是沉默的宝藏

　　有个同学特别羡慕张小喵，因为张小喵每天做的事都比她多，但是玩耍的时间一点儿也不比她少。原来，张小喵制订了一份"碎片时间表"，把自己的碎片时间全都利用了起来。

　　课间，有个女同学找张小喵聊天。

　　"张小喵，你在写什么呢？"女同学问端坐在书桌前写东西的张小喵。

　　"总结我这几天做的事呢。"张小喵回答。

　　"背诵了三十个单词 A B C D、两篇课文，做完两套习题，上了两节兴趣班的课，做了家务，去儿童乐园玩儿了一下午……天哪，你三天做了这么多事！可是，你哪儿来这么多时间呢？"同学瞪大眼睛吃惊地问。

"鲁迅先生不是说了吗，时间就像海绵里的水，只要使劲儿挤，总能挤出一些来的。"张小喵笑着说。

"我感觉每天上课、写作业、睡觉就已经占据了我的绝大部分时间，哪儿还能挤出其他时间做这么多事呢？"同学疑惑地问。

"让你见识见识我的'碎片时间表'吧！"张小喵说着，递给同学一张表。

同学接过一看，上面清楚、详细地写着张小喵每天的碎片时间，以及每一块碎片时间要做什么事，连每一个课间都被安排得满满的。

"你的时间就是这么挤出来的呀！"同学佩服地说。

"可不是嘛！为了好好利用这些碎片时间，我可花了不少心思呢！"张小喵说。

"你把时间安排得这么紧凑，难道不累吗？"同学问道。

"不累呀，你看这里，我也给自己安排了娱乐的时间呢！"张小喵指着表格说。

同学算了算张小喵每天的娱乐时间，加起来也有一个多小时呢，和自己玩儿游戏的时间差不多。不过，张小喵每天做的事可比自己多多了。

"张小喵，我也想做一份'碎片时间表'。"同学羡慕不已地说。

"好呀，你要先列出自己每天的碎片时间，然后分析这些时间段应该做什么事。"张小喵告诉她。

"难道不是想做什么就做什么吗？"同学问。

"当然不是啦！如果只有五分钟的时间，你总不能安排自己背诵一篇课文吧？五分钟背诵一两个单词还差不多。"张小喵说。

"你说得有道理。"同学根据张小喵的提示，也开始制订自己的"碎片时间表"。

学习有方法

　　我们每天都有很多碎片时间，这些时间虽然很短，但聚集起来足够我们完成很多重要的事了。那么，我们该如何利用碎片时间呢？

　　我们做完一件事，还没开始做另一件事时，通常会有一小段间隙时间，我们可以把这些间隙时间利用起来。●————

利用间隙时间

————●　在做某件轻松的事时，我们可以同时做另外一件事。比如，我们可以边等公交车边背诵单词。

同时做两件事

　　我们根据时间长短安排恰当的事，就能提高碎片时间的利用率。●————

提高时间的利用率

制订"碎片时间表"

　　我们要列出自己每天的碎片时间，然后制订合理的"碎片时间表"，争取不浪费每一分钟。

按计划利用碎片时间

　　有了"碎片时间表"后，我们要按照表格中的计划利用碎片时间，养成良好的时间观念，不让时间白白流失。

利用碎片时间也要讲究高效

　　碎片时间大都短暂，所以利用碎片时间做事时我们要提高做事效率，争取在限定时间内完成要做的事，这样才能让时间更有价值。

2

课间是积蓄能量的好机会

闹闹一下课就跑出去玩儿，通常玩儿到快上课才回来，导致很多重要的事经常被耽误。同桌说，这是因为他没有好好利用课间十分钟。

下课铃刚响，闹闹就像风一样跑出教室去玩儿了，数学课代表本来有事找他，结果连个人影都没看见。离上课只有一分钟了，闹闹才匆匆忙忙地跑回教室。

"你终于回来了，刚才数学老师找你，让你去一趟办公室呢！"数学课代表对闹闹说。

"啊？都快上课了，我哪有时间去找数学老师啊？"闹闹急得满头大汗。

"我一下课就来找你了，可你早就跑没影了！"数学课代表说。

就在这时，上课铃打响了，闹闹抱怨道："只能下个课间再去找数学老师了。"

语文老师已经站在讲台上了，可是闹闹连语文书都没拿出来，他连忙在书桌抽屉里翻来找去。

"闹闹，大家都开始学习《总也倒不了的老屋》这篇课文了，你怎么连语文书都没有准备好呢？"语文老师生气地问。

"我出去玩儿了。"闹闹小声说。

"课间时间本来就短，你不能把所有的时间都用来玩儿啊！"语文老师严肃地说。

"我知道错了。"闹闹赶紧把语文书、笔记本拿了出来。

语文课结束后，闹闹的同桌建议前后桌的同学们一起讨论老师布置的作文题目，可是闹闹没有时间，他要去找数学老师。等他回来的时候，其他同学已经讨论完了。

"我这两个课间过得有点儿低效。"闹闹低落地说。

"哈哈，这都怪你自己没有利用好课间时间。"同桌笑道。

"课间不就是应该好好玩儿吗？"闹闹说。

"当然不是 NO 啦！课间可以休息、玩儿，但不能只玩儿，否则就是浪费时间。"同桌说，"比如，你花两分钟上厕所或喝水，花三分钟复习一下课堂知识，花三四分钟活动一下，再花一两分钟为下节课做准备，这样你的课间就会特别充实，既能休息，又能很从容地为下一节课做好准备。"

"你说得有道理，刚才语文老师就是这么批评我的。"闹闹意识到，课间十分钟是不能随便挥霍的，要好好分配一下才行。

学习有方法

课间十分钟虽然很短，但只要利用得当，我们同样能有很多收获。那么，我们该如何利用课间呢？

下课后，我们要抓紧前三分钟解决一些急事或要事。 **前三分钟解决急事**

中间五分钟活动 中间五分钟，我们要活动活动筋骨，比如散步、玩儿游戏等，以此缓解疲劳和困倦感。

在最后两分钟，我们要准备好下节课需要的学习资料和用品，简单预习下节课的学习内容，提前进入上课状态。

最后两分钟做准备

要点提示

要劳逸结合

　　课间十分钟不能只用来玩耍或者学习，因为只玩耍会浪费我们宝贵的时间，还会让我们消耗太多体力，影响下节课的听课状态。如果我们把课间时间都用来学习，我们的眼睛、大脑无法得到休息，则会降低下节课的听课质量。

学习方法要合理

　　课间学习是要讲究方法的，我们可以利用和同学们交流、讨论的方式来学习。在讨论的过程中，我们既能释放压力，也能充分利用碎片时间巩固知识。

要充分休息

　　我们如果感到十分疲惫，在解决完紧急、重要的事后也可以小憩一会儿，为下节课储备能量。

3

睡前醒后学习效率高

　　一位坐在张小喵后面的女孩可不喜欢背诵作业了，她每天都花很长时间背诵，可还是记不住那些知识点。张小喵教给她一个方法，让她每天只花一些零碎时间就完成了背诵作业。她到底用了什么方法呢？

　　"小喵，昨天英语老师布置的背诵作业你完成了吗？"课间，坐在后面的女孩问张小喵。

　　"完成了呀！你呢？"张小喵问道。

　　女孩摇摇头，失落地说："英语老师连续好几天都布置了背诵作业，我的记性不是很好，记不住这些内容啊！"

　　"是不是你不会利用时间啊？"张小喵问道。

　　"我每天中午吃完饭就背诵英语单词和课文，下午写完作业也背诵，能用的时间都用了，可就是背不下来。"女孩气鼓鼓地说　。

"中午　背诵？中午的记忆效率是最低　的！"张小喵告诉她，"其实只要利用好时间，背诵作业很容易就能完成。"

"真的吗？那该怎么利用时间呢？"女孩问。

"比如我吧，除了早读　、课间之外，我喜欢利用睡前和醒后的十分钟背诵知识点，背得又快又准。"张小喵说。

"睡前和醒后？这些时间我几乎都在发呆　，或者赖床，没想到还能用来背诵知识点呢！"女孩念叨着。

"当然啦　！睡前和醒后是记忆力最好的时候，利用这段时间背诵知识点，那才是事半功倍　呢！"张小喵自豪地讲述道。

"哇　，你知道的可真多！"女孩佩服地说。

"你也试试吧，可能一开始会不太适应，效率也不会太高，但只要每天坚持，慢慢地你就习惯了，背诵知识点就会轻松很多。"张小喵说。

"好的　，我试试。"女孩说。

这天晚上，女孩躺在床上后全身放松，开始背诵英语单词："young，年轻的、岁数不大的；funny，滑稽的、可笑的；kind，体贴的、慈祥的、宽容的……"

十分钟后，她真的记住了五个单词，这是她效率最高的一次了。张小喵叮嘱过她，睡前背诵的时间不能太长，所以记住这五个单词后她就安心地睡觉了。

第二天，女孩提前十分钟醒来，她回忆昨天晚上背诵的五个单词，发现自己只忘记了一个。她赶紧把这五个单词巩固了一遍，然后又背诵了五个单词。

"哈哈，这样一来，我昨天的背诵任务就算完成了！"女孩高兴地说。

学习有方法

一天之中，晚上睡前和早上醒后是人们记忆力最好的时候，利用好这些碎片时间，我们学习起来就会事半功倍。那么，我们该如何好好利用睡前和醒后的碎片时间呢？

晚上睡前我们可以梳理自己的笔记，让知识脉络更清晰。**睡前梳理笔记**

睡前反思复习 晚上睡前我们可以通过反思的方式，回忆这一天学过的各科知识及相关问题。

忙完其他事情躺在床上后，我们的心情非常放松、头脑清晰，这时可以高效地背诵一些知识点。**睡前背诵知识点**

早晚内容要互补 比如，睡前背诵新知识点，早起就要巩固睡前背诵的这些知识点。

要点提示

正确利用醒后时间

醒后学习的时间应该是睡醒、起床后，在这十分钟内，我们不用着急洗漱，而是先背诵，这样记忆会比较深刻。

睡前要调节好情绪

倘若睡前十分疲惫或者情绪不好，我们也不必强迫自己学习，而应该做些事调节情绪，或者放下负担好好休息，为第二天养精蓄锐。

提前安排睡前和醒后的任务

我们可以制订一个时间利用表，把睡前和醒后需要做的事提前安排好，每天坚持执行，直到养成习惯，这对我们的学习大有裨益。

4

边洗漱边"磨耳朵"

　　虫虫非常羡慕他们班班长的英语水平，他很想抽时间多学学英语ABC，可时间总是不够用。奇怪的是，班长每天都能多抽出二十分钟左右的时间来练习英语。班长的时间是从哪儿来的呢？

　　上学路上，虫虫和班长边走边聊。

　　"班长，你的英语说得真好，发音就像外国人一样。"虫虫可羡慕班长的英语发音了cool。

　　"你只要经常听，也可以说得这么好！"班长鼓励他说。

　　"经常听？咱们每天的作业那么多，哪有时间听英语啊？"虫虫苦恼地说。

　　"怎么会没有时间呢？我就能抽出时间来'磨耳朵'。"班长说。

"那你的时间是从哪儿来的呢？"虫虫好奇地问。

"有很多时间呀，比如早晚洗漱的时候，我最喜欢边洗漱边听英语了，什么都不用想，既轻松又好玩儿。"班长说。

"边洗漱边听英语？那你能听懂吗？"虫虫觉得这个方法不太好。

"'磨耳朵'又不是练听力，不用在意听没听懂的。"班长说。

"真的吗？这么说我也能像你一样'磨耳朵'了？"虫虫问。

"这是当然的啦！'磨耳朵'就是让自己熟悉英语，培养英语语感，所以只要听得开心就好。"班长说。

"那要听多长时间呢？"虫虫疑惑地问。

"这就要看你自己的时间安排了。"班长告诉他，"如果只利用早晚洗漱的时间'磨耳朵'的话，那么早晚各十分钟左右就可以了。如果你觉得时间不够，还可以利用其他零碎时间来练习，比如上学的路上、洗澡的时候、吃饭的时候等。"

"真没想到，原来时间还可以这样利用啊！"虫虫算是大开眼界了。

　　"哈哈，每个人的时间都是一样多的，如果你会管理、会使用，就能比别人做更多的事，也能比别人学得更多、更好。"班长笑着说。

　　"是啊，你每天比我多听了二十分钟左右的英语，英语水平就比我高了那么多　　。"虫虫十分感慨地说。

　　"这就是坚持练习的效果　啊！"班长说。

　　"嗯，从今天起我也要利用零碎时间听英语　　。"虫虫说。

"磨耳朵"就是经常听英语，能让我们熟悉英文的韵律节奏、发音特点等，从而培养我们的英语语感。早晚洗漱的时间虽然短，但一边洗漱一边"磨耳朵"，也能提高我们的英语水平。那么，洗漱的时候应该怎么"磨耳朵"呢？

要尽量选择音质清晰的播放工具，以便听清楚英语的发音。● **选择播放工具**

● "磨耳朵"的材料不能太难，最好是与生活息息相关的，或者是我们感兴趣的材料。比如，动画片中的英文对话、英语儿歌、英语童谣等。**选择合适的材料**

"磨耳朵"不用在意是否听懂每个词、每句话，只要感受英语的韵律节奏、语感即可。●

重点在于听

要点提示

要注意控制时间

比如，每天二十分钟左右即可，太长会让我们养成拖拉的习惯，太短则达不到"磨耳朵"的效果。

要每天坚持

每天听一会儿英语，听得多了、久了，我们的语感也就慢慢培养起来了。

最好有一些画面

比如，我们边听英语边看相应的视频，把英语和画面联系起来，这样我们就更容易理解英语内容，"磨耳朵"的效果也会更好。

5

张小喵十分好学，连出行 时间都不放过，经常在校车上背诵知识点呢。其他同学纷纷向她取经，学习如何利用出行时间学习。我们一起来看看 她是怎么做的吧！

最近张小喵越来越爱学习了，连坐校车 的时候都不忘记背诵几个知识点 。这天坐校车时，张小喵又在学习了。

"小喵，车程只有十几分钟，你真的能学到知识吗？"一个男孩觉得她有点儿勤奋过头了 。

"当然能啊！只要好好利用这十几分钟，我就能多学一点儿知识，哪怕多认识一个 成语也好呀。"张小喵说。

"可是有这么多人在说话 ，你也学不好啊。"男孩觉得这个时候学习效率太低了，还不如好好放松放松呢。

"我的自控力很强的，哪怕有人在我身边唱歌跳舞，我也一样可以认真学习。"张小喵自豪地说 。

"好吧，我很佩服你这一点。"男孩可受不了身边的干扰，只要一有人说话，他的注意力就会被分散。

"张小喵，你在学什么知识呢？我也想在车上学习，可是总觉得时间太短，我都不知道该学什么。"这时，坐在后面的女孩问张小喵。

"看 ，这是我的知识小册子 ，我每天都会提前把需要在车上学习的知识点抄写下来，这样坐校车的时候就能随时翻看了。我看两眼某个知识点，然后就在心里默背。"张小喵把手里的小册子递给这个女孩 。

"你的小册子好方便呀！"这个女孩看了看张小喵的知识小册子，夸赞道 。

其他同学听了也都嚷嚷 着要看一看，于是张小喵的小册子开始在同学们的手中传递。

大家都觉得张小喵这本小巧的册子特别适合记知识点，使用时非常方便。而且，张小喵的这个方法不仅可以让坐在校车里的时间变得不再无聊，还可以巩固一下在课堂上学的各种知识，特别好！

　　大家纷纷说回家后也要为自己准备一本类似的小册子，这样，以后在坐校车时，就不会觉得无聊或浪费时间了，而且肯定会有收获！

学习有方法

我们要是把每天的出行时间利用起来，学习各科知识，就能获得更多的收获。那么，我们该如何利用出行时间好好学习呢？

利用出行时间学习，我们要确定学习目标，比如坐车十分钟背诵五个单词、一首诗歌等。

确定出行时间的学习目标

我们利用出行时间，可以回顾这一天所学的内容，想一想老师在课堂上讲解了哪些知识，哪些是难点、易错点，哪些知识还没有掌握，等等。

回想当天的功课

坐在车上时，我们的精力无法高度集中，更适合学习一些没有关联的零碎知识点，比如英语单词、名词解释、成语等。

学习零碎知识点

要点提示

准备一本知识点小册子

我们可以把各科知识点抄写在上面，便于在出行时间阅读、记忆。需要注意的是，知识点小册子要小巧轻薄，便于携带、收纳，这样我们坐车时可以随时翻看，随时收起来。

统计、分配出行时间

我们要对自己的出行时间进行统计，然后制订一个合理的学习计划，把每次坐车、走路的时间都利用起来，这样才能有大收获。

安全第一

利用出行时间学习不能过于专注，要时刻注意身边发生的事情，因为这个时间段我们最需要做的事是保证自己的安全，不能边过马路边背诵单词，也不能因为专注于学习而错过下车站点。

第五章

巧做减法，
瞬间增多有效时间

I

合理安排交际玩耍时间

闹闹原本是一个贪玩儿⚽的男孩，但在小豆芽的影响和监督下，他越来越重视‼自己的时间了，还学会了合理分配⚙学习和玩耍的时间，这让闹闹的妈妈非常欣慰。

公园里☁，闹闹、小豆芽正在和几个朋友玩儿。

"闹闹，你不是说只玩儿四十分钟吗？已经到时间了呀，快回家吧。"小豆芽提醒闹闹。

"没事，再玩儿一小会儿。"闹闹还没玩儿够呢，哪能轻易回家。

又过了十分钟**10min**，小豆芽再次提醒📢闹闹，说："哎呀，你已经超时了，再不回家会挨骂的！"

"好吧，那我回家🏠了，你们继续玩儿。"闹闹依依不舍地离开了朋友们。

"妈妈，我回来了，咱们去看望姑姑吧。"闹闹一进门就对妈妈说。

"哟，今天表现不错呀！虽然晚回来十分钟，但并没有耽误正事儿！"妈妈对他这次的表现很满意。以前，闹闹一玩儿起来就会忘记时间，有时连饭点都会错过，经常被妈妈批评教训。

"那是，我可是上了'双重保险'保险X2的！"闹闹得意地说。

"你上的'双重保险'是什么？"妈妈问他。

"第一重保险是我的手表，我戴上手表出去玩儿就不会忘记时间了；第二重保险是小豆芽，我请他当我的'时间监督员'，每次一到回家的时间他就会提醒我。"闹闹讲述道。

"嗯，这'双重保险'都不错，尤其是第二重！"妈妈笑着说。

"可不是嘛，本来我还想再玩儿会儿呢，可是小豆芽太严厉了，一直催我回家，他真是一个合格的监督员。"闹闹也十分认可妈妈的话。

在去姑姑家的路上 ，妈妈问闹闹："你今天还有其他安排吗？"

"当然有啊 ！晚上七点从姑姑家回来后，我有一个半小时的空余时间，我打算看一个小时 1h 的课外书，然后玩儿半个小时。"闹闹边想边说，他现在已经很会安排自己的时间 time 了。

"你真的只玩儿半个小时吗？"妈妈有点儿不相信，毕竟闹闹以前真的很贪玩儿 。

"我只能玩儿半个小时，不然时间就浪费了。"闹闹认真地说，"我听小豆芽说，他每天只玩儿一个小时左右，其余的时间要么学习 ，要么画画 、弹琴 ，过得特别充实，我也想像他一样。"

"我们家闹闹长大了，会安排自己的玩耍时间了。"妈妈觉得很欣慰。

学习有方法

　　我们每天都少不了交际和玩耍，经常玩儿着玩儿着就忘记了时间。因此，我们要合理安排自己的交际和玩耍时间，让自己更有效地利用时间。

　　为了保证高质量地学习、睡觉、吃饭和写作业，就要适当压缩自己的玩耍时间。

压缩玩耍时间

拒绝无用的交际

对一些无用的交际，我们可以直接拒绝。比如，我们不用参加纯粹是大人的聚会。

　　要想不在玩耍中浪费时间，我们就要分配好做事和玩耍的时间比例，培养科学的时间观念。这样玩耍的时间就能得到控制。

分配好时间比例

玩耍时注意时间

　　玩耍可以让我们得到放松，但我们要控制好玩耍的时间，以免耽误其他事情。比如，我们要在钟表摆放明显的房间玩耍，出去玩耍时戴上手表，或者让时间观念较强的朋友监督我们。

根据生物钟安排娱乐和学习时间

　　要想合理安排自己的交际、玩耍时间，还要了解自己的生物钟，做到在精力旺盛的时候学习，在疲劳的时候玩耍放松，这样才能学得高效、玩儿得痛快。

2

不在琐事上浪费时间

虫虫的一个女同学总喜欢在一些琐事上浪费时间，明明一分钟就能完成 ✓ 的事，她却用了很长时间。在虫虫的提醒下，她终于意识到了自己的问题，决定 👊 好好改正。

今天，四年级三班 4-3 组织大扫除，每个同学都有自己的任务。虫虫和一个女孩负责擦桌子 🧽，虫虫已经擦完五张桌子了，可那个女孩连一张桌子都还没擦完。

原来，她听到同班的两个女生正在讨论一部动画片，然后就加入 ➕ 了她们的话题。

"我觉得大公主更好，明事理，心地善良 ♡。"其中一个女生说。

"我觉得小公主更好，性格直率，而且特别优雅。"另一个女生说。

"我认为她们两个都不错🌸🌼，各有千秋。"负责擦桌子的女孩拿着抹布说。

她们三个足足花了十分钟⏰讨论这个话题，都快忘记自己还有打扫任务没完成。

"你们别🚫讨论了，赶紧干活吧！"这时，虫虫大声提醒她们。

她们这才反应过来，赶紧去做自己的事了。那个女孩更是觉得不好意思，就在她和同学们讨论的时候，虫虫已经把剩下的桌子都擦干净了✨。

"虫虫，对不起啊🐰，我不是故意偷懒的。"女孩红着脸说。

"没关系的。不过你本来有事情要做，却把时间花费在一些与此事无关的琐事上，这可不好❌啊！"虫虫告诉她。

"我也不想这样的，可有时候就是约束不了自己。"女孩无奈地说。

"做一件事之前，你要好好想一想，这件事值不值得做，要花多少时间和精力去做。想清楚这些，你就不会把时间浪费在琐事上了。"虫虫建议道。

"比如，刚才和她们讨论 动画片的事，其实我只需要用十几秒的时间发表一下自己的观点就可以了，没必要和她们讨论那么久。"女孩反思刚才自己的行为，惭愧地说。

"你算是明白了 ！"虫虫笑道。

学习有方法

生活中我们会面对很多琐事，但我们的时间是有限的。那么，我们如何应对琐事才能避免浪费更多时间呢？

琐事一般都不是非常重要的事，我们只要按时、按量、按质完成即可。 **不过分追求高质量**

衡量琐事的价值 做琐事前要想想是否值得去做，需要花多少时间和精力等。如果琐事没有价值，我们可以不做；如果必须做，那就要分配好时间，争取在最短的时间内完成。

如果我们在琐事上花费了很多时间，事后一定要认真反思，总结分析自己做事过程中的不足，积极寻找提高效率的方法。 **事后要反思总结**

要点提示

让反思日记帮助自己

　　我们可以写反思日记，并利用"如果……就……"的方式做反思总结。比如，我们因为一件小事和别人争论了很久，耽误了时间，做反思总结时可以这样写："如果再遇到这类事，我只用一分钟表达自己的观点，不再长时间参与争论。"经常翻看反思日记，可以提醒我们不再在琐事上浪费时间。

中途及时停止

　　如果我们发现自己正在做的琐事浪费了很多时间，可以改变自己的做事方式，以提高做事效率，这样可以减少时间的浪费。

3

好玩儿又省时的"家庭整理术"

今天，妈妈用新学的"家庭整理术"整理物品，速度比平时快了很多，闹闹都惊呆了，也想用这种方法整理自己的物品。这神奇的"家庭整理术"到底是什么呢？

放学后，闹闹高兴地背着书包回家，刚进家门就看见满地的杂物，他惊讶地对妈妈说："您又在整理物品啊？"

"对呀，秋天来了，我要把秋冬用的物品都找出来，再把春夏两季的物品收起来。"妈妈一边整理一边说。

"可是，这么多东西，您什么时候才能收拾完啊？"在闹闹的记忆中，妈妈整理物品的速度非常慢。

"哈哈，我新学了一种'家庭整理术'，这次一定会整理得很快的！"妈妈高兴地说。

"什么 是'家庭整理术'呢？"闹闹第一次听说这个词。

"就是快速整理家中物品的方法。"妈妈说，"你也来帮帮忙，和我一起整理吧。"

"好呀 ！"闹闹也想见识一下神奇的"家庭整理术"。

"第一步，扔掉没用的物品 。"妈妈边整理边指挥闹闹。

"真的吗？要把没用的物品都扔了吗？"闹闹觉得很不可思议，小时候用过的物品他一直舍不得扔，到现在还留着呢 ！

"当然啦，既然是没用的物品，就果断扔掉。"妈妈说。

听了妈妈的话，闹闹只好狠下心来，把自己早已不能穿的衣服 、鞋子 等挑出来放在一边，等着妈妈把它们装进一个大袋子，然后放到旧物回收 箱里。

"接下来我们要做什么呢？"闹闹问妈妈。

"接下来我们需要把剩下的物品进行分类 ，将同类物品放在一起。"妈妈指导着说。

闹闹十分配合，完全按照妈妈的指挥来做，没过多久，两

个人就把一堆杂乱 的物品整理得整整齐齐 。

"哇，太棒了！"闹闹看着自己的劳动成果，非常开心。

"接下来，我们要给这些保留的物品找固定的位置 。"妈妈说着，开始指挥闹闹把物品放到相应的地方，不一会儿，他们就把所有物品整理 、收纳 好了。

"妈妈，咱们这次整理的速度太快了 ！"闹闹兴奋地拍着手说。

"怎么样，'家庭整理术'很有效吧？"妈妈自豪地说 。

"太有效了，我以后也要用这种方法来整理自己的物品。"闹闹说。

学习有方法

"家庭整理术"应该怎么操作呢?

当我们需要整理的物品太多、太杂时,我们应该果断丢弃一些无用的物品。 **丢弃无用的东西**

分类收纳 对所有的物品进行分类,然后归类收纳。

我们要给每个物品找一个固定的位置,而且每次用完它们后要放回原位。 **用完归位**

贴好标签 给每个收纳箱、收纳盒贴标签,并标明里面装有哪类物品。

一个位置不要摆放太多物品,否则看起来很混乱,用起来也不方便。 **精减摆放的物品**

要点提示

定期整理

整理物品要定期进行，比如一个月一次、一个季度一次等。多整理、多练习，我们的整理效率就会渐渐提高，整理经验也会更加丰富。

将"家庭整理术"用于其他领域

比如，我们可以用"家庭整理术"处理学习任务、日常琐事等。以学习为例，在总复习时，我们要先做减法，忽略自己已经熟练掌握的知识点，着重复习难点和重点内容，然后对这些内容进行分类整理，分科复习。

4

小小计时器，给你帮大忙

闹闹多了一个管理时间的"好朋友"——计时器，他每天写作业时都让计时器来帮忙，作业写得又快又认真。小豆芽知道了计时器的用处后，也想用这种方法提高自己的做事效率。

今天是周末，小豆芽来到闹闹家一起写作业，小豆芽拿出作业本就开始写，闹闹却在摆弄一个计时器。

"咦，你拿计时器做什么？"小豆芽十分好奇。

"当然是用来计时啦！"闹闹答道。

"你是想边计时边写作业吗？"小豆芽猜测着说。

"你猜对了。"闹闹解释说，"我以前写作业的时间有点儿长，妈妈说我缺少一个'时间监督员'，所以就送给我一个计时器 00:00 。"

"哈哈，我和计时器都是你的'时间监督员'！"小豆芽开玩笑说。

"可不是嘛！这个机器'时间监督员'和你一样负责任呢！"闹闹笑道。

闹闹和小豆芽预估了每项作业所用的时间，调好了计时器。计时器响了后，他们休息十分钟，然后继续计时，就这样重复了三次，他们就把所有作业写完了。

"这个方法真不错！"小豆芽赞赏道，"我平时写作业的速度很快，但每次写完都觉得有点儿累，可是今天不一样，很轻松。"

"因为今天每写完一项作业后可以休息十分钟，所以就不觉得累了。"听了小豆芽的话，闹闹更喜欢自己的计时器了。

"我也想要一个这样的计时器，太方便了。"小豆芽说。

"其实，用闹钟也是一样的，设置好时间后，闹钟一响你就休息一会儿，然后继续定时，直到把作业写完。"闹闹建议道。

"嗯，你说得有道理，我们家的闹钟太清闲了，每天只负责叫我起床，以后它还要负责监督我写作业、做家务。"小豆芽笑着说。

"我做家务的时候也用过计时器，但效果不明显。"闹闹说。

"为什么？"小豆芽问道。

"嘿嘿，因为我做家务的时候很难集中注意力，总是一边收拾一边玩儿。"闹闹摸着后脑勺说。

"看来你还需要加强集中注意力的训练啊！"小豆芽告诉他。

"对呀，集中注意力太重要了。"闹闹说。

学习有方法

计时器该怎么使用呢?

使用计时器前, 我们要预估做某件事需要的时间, 然后根据预估的时间用计时器定时, 这样有助于我们做好时间管理, 提高做事效率。

预测做事时间

采取周期分解法

对耗时长的任务, 我们利用计时器时可以采取周期分解法。比如, 做一件事需要花费两个小时, 我们就把计时器调为二十分钟一个周期, 每个周期之间可以休息五分钟, 用来喝水、上厕所等。经过六个周期后, 我们既能把事做完, 也能得到适当的休息。

对耗时短的任务, 我们只需要定时卡点完成即可。

卡点完成

要点提示

我们使用计时器的前提是做事时必须全神贯注

计时器只是一个计时工具，它的作用是提醒我们时间快到了，让我们产生紧迫感，但仅有这种紧迫感是不够的，我们要想在限定的时间内完成任务，就必须专心致志，尽力而为。

周期分解法可以根据我们的专注时间而调整

比如有的同学专注力比较好，可以保持三十分钟内专注做事，就可以把计时器调整为三十分钟一个时间周期。每个时间周期尽量不要超过三十分钟，时间越长，我们的紧迫感就越弱，很难起到督促的作用。

5

合理控制阅读课外书的时间

　　最近，闹闹看课外书常常忘记时间，多亏妈妈提醒他，他才没有因为阅读课外书耽误写作业。可是，他们班有个男同学就没这么幸运了，他看课外书时没有节制，连作业都没写，被各科老师轮番批评了。

　　这天，刚吃完晚饭，闹闹就拿起新买的故事书津津有味地看了起来。

　　"闹闹，看课外书的时间结束了！"过了一段时间，妈妈提醒闹闹。

　　"知道了，我马上就看完这一章了！"闹闹并不想马上放下故事书，他正看得入迷呢。

　　"咱俩可是约好了每天看课外书的时间，你怎么说话不算数呢？"妈妈说。

"妈妈，让我再看一会儿吧！"闹闹哀求道。

"好吧，不过你今天的数学作业还没有写完呢。我刚才看了看，题目可不简单。"妈妈淡定地说。

"好吧，我不看故事书了！"闹闹一听这话马上把课外书放下了，不管怎么样，一定要先把作业写完才行。闹闹乖乖地去写作业了，他用了半个多小时才把数学作业写完，虽然有些累，但他觉得心里轻松多了。

"太棒了！你现在还想看故事书吗？"妈妈笑着问他。

闹闹摆摆手，说："我有点儿困了，不看了，还是早点儿睡觉吧。"闹闹主动洗漱睡觉去了。

第二天，闹闹刚走进教室就听见一个消息：班里有个男同学因为昨晚看课外书而没写作业。

"看，他正在补作业呢。"同桌指着那个男同学对闹闹说。

"看他的眼睛，像熊猫眼！"闹闹说。

"都是看课外书没节制惹的祸，他今天肯定会被老师批评的。"同桌说。

"其实，我昨天也差点儿因为看课外书而耽误了写作业，还好有妈妈的提醒。"闹闹觉得自己很幸运，没有发生像这个男生这样的情况。

　　"那就好，以后看课外书也要注意控制时间，不然会耽误学习的。"同桌看着狂补作业的男同学，对闹闹说。

　　那个男同学因为没有写完作业，被各科老师轮番批评了一顿，他难过极了。

　　"你看课外书没有时间限制吗？"课间，闹闹问男同学。

　　"有啊，我还用闹钟设置了时间提醒呢，可是我控制不住自己。"男同学哭丧着脸说。

　　"那你的爸爸妈妈也不提醒你吗？"闹闹好奇地问。

　　"昨天刚好我爸爸妈妈都出差了，只有奶奶在家，奶奶不大管我，所以我就……"男同学十分后悔。

　　"咱们以后还是先写完作业再看课外书吧。"闹闹对他说。

　　"就是，我可不能再发生这种情况了。"男同学吸取教训了。

学习有方法

看课外书对我们有很多好处，但是我们也要控制自己看课外书的时间，以免影响学习。那么，我们具体该怎么做呢？

我们要在老师和爸爸妈妈的指导下选择适合小学生阅读的课外书。● **选择适合的课外书**

设置时间提醒 ● 我们每次看课外书之前要限定时间，比如设定好闹钟，以免自己看书入迷忘了时间。

自控力较弱的同学，可以找个严厉、负责的人担任监督员，比如父母。●

找个监督员

要点提示

先写作业再看课外书

我们要先完成老师布置的作业再看课外书，这样就能避免发生忘记或来不及写作业的情况。

用心理暗示的方法提高自觉性

比如，看完一个故事后，我们要用心理暗示的方法提醒自己"必须停止"，或者想一想自己还没有完成的作业等，这样就会使自己的注意力转移到作业上。

第六章

学好玩儿好，
做假期时间管理小达人

周末是我们的生活"加油站"

　　周末到了，闹闹早就为这两天做好了计划，把学习和玩耍的时间安排得十分合理，还得到了爸爸妈妈的赞赏呢！有了计划这个帮手，闹闹度过了一个充实而快乐的周末。

　　"闹闹，明天就是周六了，你有什么计划吗？"周五晚上妈妈问闹闹。

　　"这个我已经想好了。"闹闹得意地说，"周六我要把作业全部写完，还要陪小豆芽去小区广场玩儿；周日上午我要和爸爸去科技馆，周日下午我要复习功课。"

　　"安排得还挺合理的，那提前祝你周末快乐哟！"妈妈笑道。

　　周六上午，闹闹没有睡懒觉，七点半就起床洗漱、吃早饭，开始一天的学习。他的学习计划是：从早上八点到中午十一点 8:00-11:00，把语文和数学作业写完；从下午一点到四点，把英语和其他学科的作业 写完；然后和小豆芽出去玩儿到下午六点左右，回家吃晚饭。

虽然闹闹在写作业的过程中偶尔会走神儿 ，但这次的作业不太难，作业量也不大，再加上有计时器帮忙 ，他还是按照计划，在下午四点左右把所有家庭作业都完成了。

"太好了，我可以出去玩儿了！"在放下笔的那一刻，闹闹完全放松了，他拿着玩具冲出 家门，去找好朋友小豆芽玩儿。

下午六点左右，闹闹在小豆芽的劝告下回到家，爸爸妈妈已经准备好了香喷喷的饭菜 。"你最近真是越来越守时了！"妈妈表扬他说。

"当然啦，我不再是以前那个没有时间观念的'调皮鬼'了！"闹闹说。

"明天咱们几点 出发去科技馆呢？"爸爸问他。

"咱们早上七点起床，八点出门，坐公交车 一个小时左右就能到。"闹闹思路清晰地说。

"好，就这么定了。"爸爸对他的安排非常满意。

第二天，闹闹和爸爸按计划去了科技馆。

科技馆太有意思了，有数学展厅、信息展厅、交通展厅、宇宙展厅等。闹闹最喜欢的是儿童展厅，里面既新奇又好玩儿，他看了一遍又一遍，直到中午十二点，他才在爸爸的提醒下结束了这次科技馆之旅。

下午PM，闹闹本想出去玩儿，但妈妈说："你不是说今天下午要复习功课吗？"

"好吧，我知道了。"闹闹虽然很不情愿，但还是去复习功课了。

周末两天在学习和玩耍中结束了，闹闹虽然没有玩儿够，但他对自己的表现很满意。

学习有方法

　　周末是我们的"加油站"，只要分配好学习和玩耍的时间，我们就不仅能巩固知识，还能为下个星期做好充足的准备。那么，周末的时间应该怎么分配呢？

　　如果作业量较大，我们可以把作业分成三四份，然后均匀安排到周末的各个时间段。如果作业量较小，那么尽早完成作业后，我们也要留出复习和预习的时间。 **分配作业时间**

学习课外知识 　　周末我们也要积极补充课外知识。不过，学习课外知识不能影响我们休息。

　　我们也要给自己留出娱乐休闲时间，尽情释放压力。但休闲时间不能太长，休闲方式也不能过于激烈。 **留出休闲时间**

不断改进计划

周末的时间计划并非一次定型，我们要根据每个周末的具体情况做调整，不断改进。

遵守基本的作息规则

虽然周末不用按时上学，但是我们也不可以过于放纵自己，要遵守早睡早起的作息规则。睡眠不足或者睡得太多，都会影响我们周末的生活、学习质量。

自己的时间自己安排

我们要学会自己安排周末时间，只有成为时间的主人，我们才能学会管理时间、利用时间。

2

和爸爸妈妈一起制订假期规划

　　放暑假了，爸爸妈妈为虫虫制订了假期规划，但是虫虫想加入更多自己的想法。后来，爸爸妈妈和他一起商量、完善，终于制订了一份大家都满意的假期规划。

　　放暑假前一天的最后一个课间，同桌兴奋地问虫虫："你放假了打算做什么？"

　　"估计爸爸妈妈都给我安排好了。"虫虫失望地说。

　　"其实，你的假期应该由你自己规划，父母只是给你一些指导和建议。"同桌说。

　　"嗯，我要和他们好好聊聊。"虫虫说。

　　虫虫回到家，发现爸爸妈妈正在商量着什么。

　　"虫虫，我们帮你制订了假期规划，你来看看吧。"

妈妈对他说。

虫虫有点儿不情愿 地走过去，看着爸爸妈妈为他制订的密密麻麻的假期规划表，表情非常沮丧 。

"怎么啦，你不喜欢我们帮你制订的规划吗？我和爸爸还计划带你去北京旅游 一个星期呢！"妈妈说。

"我不喜欢这个假期规划，也不想去北京旅游。"虫虫低落地说。

"好吧，那你说说你的想法 ，我们一起重新制订一个假期规划，怎么样？"爸爸看出他的心事，便提议说。

"真的吗？我可以参与制订假期规划吗？"虫虫高兴得两眼放光 。

"当然啦，这毕竟是你的假期嘛！"爸爸说。

虫虫急忙跑回自己的房间，他要把自己的想法一一 123 列出来。过了一会儿，他拿着自己列的规划表跑出来，对爸爸妈妈说："快看 ，这就是我的假期规划！"

妈妈接过来一看，发现虫虫的规划很合理：放假第一个星期，去四川旅游 ；放假第二个和第三个星期，写暑假作业，复习功课；开学前两个星期，为新学期做准备。

"虫虫，你的规划真不错 ！我还担心你光顾着玩儿呢！"妈妈欣喜不已 地说。

"我受表姐的影响，已经很会管理自己的时间了。"虫虫说。

"这个规划 很不错，不过还不够具体，我们一起把它完善一下吧。"爸爸提议。

"好呀，我同意 。"虫虫也觉得自己的规划太简单了。

他们一家三口开始商量起来，把每天的作息时间、每天做什么事等都安排好了。

"太棒了 ，我一定会度过一个快乐的假期！"看着完善后的假期规划表，虫虫高兴地说。

要想度过一个有意义的假期，我们就要和爸爸妈妈一起制订一个合理的假期规划。那么，假期规划该怎么制订呢？

比如，完成暑假作业、锻炼身体、做家务、适当娱乐等。

列出必做的事

分阶段管理时间

一般而言，我们可以把假期分为三个阶段：放松阶段、补充能量阶段和收心阶段。放松阶段即放假之后的第一个星期，这段时间我们可以通过出去旅游、和朋友玩儿等方式进行放松。补充能量阶段即假期中的学习阶段，我们要制订合理的学习计划。收心阶段即开学前一个星期，这时我们要好好调整自己的心态，准备迎接新学期的到来。

要点提示

严格执行假期时间表

假期时间表最好是我们亲自参与制订的，这样更适合我们，执行起来也更顺利。

定时做总结

比如三天总结一次、一个星期总结一次等，看看自己是否严格按照时间表执行，以帮助我们查漏补缺。

时间表中要留出空余时间

假期中经常发生一些临时的事打乱我们的计划，所以我们要留出一些时间去处理它们，但要保证按时完成计划中最重要的事。

3

时间管理帮你实现更多假期心愿

虫虫 觉得自己的假期时间利用得很充分，可是和小豆芽比起来，他还差得远呢。小豆芽不但按时按量完成了 ✓ 学习任务，还实现了三个 ✋ 假期愿望，虫虫很佩服他。

公园里，小豆芽和虫虫在玩耍 。

"我昨天晚上和爸爸妈妈一起去看电影了 "小豆芽对虫虫说。

"哇，我知道你在假期的第一个星期也和你爸爸妈妈去旅游了，我还知道你爸爸妈妈最近不仅经常加班，还经常出差，他们那么忙，怎么有时间陪你看电影啊？"虫虫不可思议 地说。

"那是因为我太会管理时间了，调整出一个我们一家三口

可以同时放松 的时间段。"小豆芽十分自豪 地说。

"你是怎么做到的?"虫虫很好奇。

"我提前打听好爸爸妈妈都不出差并且都休息的时间,然后把电影院近几天播放的电影都查找 一遍,找出我们一家三口都爱看的电影,最后把看电影的时间和地点告诉爸爸妈妈,让他们做好准备。"小豆芽说。

"我还知道你每天的时间都安排得很满,怎么挤出空余时间的呢?"虫虫更纳闷儿了。

"我重新制订了近几天的计划 ,特意给自己留出了三个多小时的空余时间。"小豆芽说,"我剔除 了一些不重要的事,然后抓紧时间把重要的事完成,就挤出时间了。"小豆芽说出了自己管理时间的方法。

"我真是太佩服你了,你简直就是个时间管理大师啊!"虫虫竖起大拇指说 。

"哈哈,我可称不上大师!不过,这种方法真管用,假期才过了一半,我已经实现三个愿望了 !"小豆芽兴奋地说。

"都是什么愿望?"虫虫很想知道。

"第一个 是给父母做一顿饭,第二个 是参加一次野营,第三个 是和爸爸妈妈去看电影。"小豆芽说。

"做饭 、看电影也就算了，你之前也已经和爸爸妈妈一起去旅游了，去野营需要大段的时间，你是减少了学习时间吗？"虫虫继续追问。

"哈哈，去野营前的那段时间，我每天都早起半个小时，先把学习任务完成了！"小豆芽说。

"你太厉害了！我还以为自己已经很会管理时间了呢，可是和你比起来，我还差得远呢！"虫虫意识到，在假期规划方面以后还需要继续改进 。

学习有方法

美好的心愿能激发我们的积极性，而时间管理能提高我们的做事效率，当二者结合时，我们就能在有限的时间内实现更多心愿。那么在假期，我们如何利用时间管理实现自己的心愿呢？

心愿是我们最想做的事或想实现的目标，比如去爬山、看电影、给父母做一顿饭等。

想清楚心愿

实现简单心愿

比如和父母一起去看电影，我们只要选择恰当的时间段，挑选适合一家三口看的电影就能实现了。

比如，我们想交一个好朋友，就要通过很多次沟通、一起玩耍、一起学习等来增进友谊，这是一个缓慢的过程。

实现复杂心愿

把次要的事从规划中剔除

为了实现心愿，我们可以将假期规划中那些不重要的事剔除，把更多的时间用来实现心愿。

巧用便签和备忘录

为了提醒自己注意时间管理以实现心愿，我们可以使用便签和备忘录，每天把为了实现心愿而需要做的事以及做事的时间段写出来，贴在相应的地方，如书桌上、墙上等，方便我们随时查看，提醒自己提高做事效率。

不过分追求效率

实现心愿是件开心的事，但我们不能过分强调做事效率。如果每天都过得很紧张，即便实现了心愿也会十分疲惫。

4

学会管理旅游行程

张小喵和妈妈去旅游，妈妈鼓励她在这次旅游中做一次行程管理。在妈妈的指导下，她真的把一天的游玩行程安排得井井有条，还被妈妈称为"小导游"呢！

从旅游景点回到酒店 ，妈妈和张小喵在餐厅边吃饭 边聊天。

"小喵，今天玩儿得怎么样？"妈妈问张小喵。

"玩儿得太开心了 ，而且还不累，这都是您的功劳，把行程安排得那么好！"张小喵高兴地说。

"其实你也可以学着管理旅游行程 。"妈妈对她说。

"我还是个小孩呢，怎么能管理好旅游行程呢？"张小喵以前可没做过这种尝试。

"没关系 ◡‿◡ ，我可以教你啊！"妈妈说，"你先试着管理一下明天的游玩行程吧。"

"那好吧，我试试。"张小喵拿起手机进入导航软件仔细查看地图，开始寻找游玩的景点。最后，她把目标定在了儿童游乐园。

"我们住的这家酒店离游乐园比较远，明天我们得早点儿起床 ☀。"张小喵看着手机上的地图说。

"哦，那几点起床呢？"妈妈问。

"早上七点吧，我们花一个小时的时间洗漱、收拾行李、吃早饭，然后八点坐上通往游乐园的巴士，九点左右能抵达游乐园，之后就可以尽情地玩儿了。"张小喵认真地说。

"我们要在游乐园玩儿一整天 🌙 吗？"妈妈又问。

"当然不是啦！从游乐园回酒店的最后一趟巴士是下午五点钟，我们必须在五点之前坐上巴士，然后回酒店吃晚饭、睡觉。"张小喵计算着时间说。

"嗯，听起来还不错，可是你落了一个环节。"妈妈提醒她说。

"哦，我想起来了，明天可以在游乐园的餐厅吃午饭，也可以自己带点儿吃的，您觉得哪个更好呢？"张小喵问妈妈。

"这个嘛，我觉得我们可以自己准备一些食物 ，如果餐厅的饭不合口味，就吃自己准备的东西。"妈妈建议道。

"好，就这么办！"张小喵说。

第二天，张小喵和妈妈准时起床，不到八点就坐上了通往游乐园的巴士 ，九点左右抵达游乐园，和之前计划的时间基本一致。她和妈妈玩儿了摩天轮 、过山车 、海盗船、水上乐园等项目，非常开心。

下午六点半左右，她们已经回到酒店，吃了一顿味美的晚餐 。

"小导游，今天的行程你安排得不错！"妈妈表扬 她。

"哪里哪里，是您指导 有方啊！"张小喵故作成熟地说。

假期和家人出去旅游时，我们可以学着做行程管理，让自己在旅游中也能在时间管理方面有所收获。那么，做行程管理要注意什么呢？

把握好整个旅游的大致行程，把去什么地方、什么时候去、怎么去等问题想清楚。

写出大致行程

写出每日行程

把握大致行程后，我们要制订出每日的行程，时间要精确，比如几点起床、几点出发等。行程越具体，我们的心里就越有底，玩儿起来更安心。

一定要选择最恰当的出游方式和交通路线。短途旅行可以选择自驾游，长途旅行尽量选择公共交通工具，而且要挑选合适的旅行路线。

选择出行方式

要点提示

考虑旅途中的体力消耗问题

做旅游行程管理时，我们要充分考虑自己和家人的体力消耗问题，分配好休息和游玩的时间，以免影响大家的身体健康。

考虑旅游费用问题

做旅游行程管理时，我们还要考虑费用问题，认真计划和计算每项花费，降低旅游成本。

考虑安全问题

做旅游行程管理时，我们还要充分考虑安全问题。比如，我们挑选的旅游地点是否治安良好，我们住宿的地方是否存在安全隐患，我们在景区游玩时要注意哪些安全事项，等等。

5

每个假期学一项提升效率的新本领

在这个假期里，张小喵学习了一项提升效率的新本领——加强心理素质💙。这项本领帮助她完成了很多事呢！张小喵之所以做事效率高，原来是因为她每个假期都在"充电"🔋。

新学期开学了🎒，上课前的教室里十分热闹🍕。

"张小喵，这个假期你过得怎么样？"有个女同学问张小喵。

"很不错，非常充实。"张小喵笑着说。

"快说来听听🎧，你都做了些什么呀？"女同学追问道。

"我完成了所有的假期作业📖，复习了上个学期的知识点，预习了新学期的知识点，去旅游🚙了一个星期，学

会了做饭 ，实现了五个愿望 ……"张小喵掰着手
指数着说。

"哇，做了好多事呀！"女同学感叹道。

"不仅如此，我还新学了一项提高做事效率的本领呢！"
张小喵开心地说。

"哇，是什么本领？"女同学问。

"就是加强 UP 心理素质。只要心理素质好，我们做
比较难的事的时候就不会自乱阵脚，也不会一碰到难题就焦躁
不安了 。"张小喵说。

"你的做事效率已经很高了 ，为什么每个假期都要
学新本领呀？"同学们觉得张小喵对自己的要求太高了。

"我妈妈说了，'技多不压身'，多学点儿本领，我的做
事效率能更高，其实这也是在帮我减少压力啊！"张小喵认真
地说 。

"你掌握它用了多长时间 24h? ？"女同学问。

"嘿嘿，大概用了整个假期呢！"张小喵笑道。

"为什么花了这么长时间呢？"女同学觉得不可思议 。

"因为掌握一项本领并不简单啊，需要不停地尝试、练
习，直到运用自如。就像加 ＋ 减 ━ 法，我们是学了一年才熟

练掌握的。"张小喵回答道。

"你说得对。你能把这项本领教给我吗？"女同学也想多学一项本领，提高自己的做事效率。

"你的心理素质挺好的 〰♡〰，应该不需要再加强了。不过你可以多接近做事效率高的人，学习他们的做事方法，这对提高自己的做事效率应该有帮助。"张小喵建议道。

"那我就多接近你吧，你的效率就很高 ↗。"女同学笑着说。

"哈哈，没问题。"张小喵也笑了。

学习有方法

　　我们想要更好地管理时间、提高做事效率，可以利用假期时间学习一些新本领。那么，提升效率的本领有哪些呢？

　　要想提高做事效率，我们就要学会一次只做一件事。

一次做一件事

加强心理素质

我们在做事的过程中可能会遇到突发事件、难关等，如果不能保持平和的心态，就可能影响整件事的进度，所以我们平时要好好锻炼自己的心理素质，让自己遇事不乱。

　　近朱者赤，近墨者黑。我们可以多接触做事效率高的人，学习他们的做事方法、思维方式等。

接触效率高的人

要点提示

要多向他人学习

比如，我们可以从老师身上学到技能，从家长身上学到经验，从同学身上学到新见解，等等。拓宽学习的视野，我们就能学到更多提高效率的本领。

我们要精挑细选，找到更适用的本领

比如，我们更容易掌握的本领，或者针对某件事更有效的本领。

掌握一项新本领需要长时间的实践

哪怕只是一项非常简单的本领，我们也需要经过多次尝试才能熟练掌握，才能让它真正成为自己的本领。

每日计划表

每日计划表

_____年_____月_____日

时间	学习内容	重要事情

今日目标

心情墙

每日计划表

_____年_____月_____日

时间	学习内容

重要事情

今日目标

心情墙

每日计划表

_____年_____月_____日

时间	学习内容

重要事情

今日目标

心情墙

每日计划表

_____年_____月_____日

时间	学习内容

重要事情

今日目标

心情墙

每日计划表

_____年_____月_____日

⏰ 时间	学习内容

✊ 重要事情

📒 今日目标

🐻 心情墙

每日计划表

_____年_____月_____日

时间	学习内容

重要事情

今日目标

心情墙

每日计划表

_____年_____月_____日

⏰ 时间	学习内容

重要事情

今日目标

心情墙

艾宾浩斯遗忘曲线复习计划表

艾宾浩斯遗忘曲线复习计划表

| 序号 | 学习日期 | 定期打卡记忆内容,坚持收获成功 | 短期记忆复习周期(复习后打钩) | | | 长期记忆复习周期(复习后打钩) | | | | | | |
			5分钟后	30分钟后	12小时后	第1天	第2天	第4天	第7天	15天后	1个月后	3个月后	6个月后
1	月　日												
2	月　日												
3	月　日												
4	月　日												

艾宾浩斯遗忘曲线复习计划表

序号	学习日期	定期打卡记忆内容，坚持收获成功	短期记忆复习周期（复习后打钩）			长期记忆复习周期（复习后打钩）						
			5分钟后	30分钟后	12小时后	第1天	第2天	第4天	第7天	15天后	1个月后	3个月后	6个月后
1	月　日												
2	月　日												
3	月　日												
4	月　日												

艾宾浩斯遗忘曲线复习计划表

序号	学习日期	定期打卡记忆内容，坚持收获成功	短期记忆复习周期（复习后打钩）			长期记忆复习周期（复习后打钩）						
			5分钟后	30分钟后	12小时后	第1天	第2天	第4天	第7天	15天后	1个月后	3个月后	6个月后
1	月　日												
2	月　日												
3	月　日												
4	月　日												

艾宾浩斯遗忘曲线复习计划表

序号	学习日期	定期打卡记忆内容，坚持收获成功	短期记忆复习周期（复习后打钩）			长期记忆复习周期（复习后打钩）						
			5分钟后	30分钟后	12小时后	第1天	第2天	第4天	第7天	15天后	1个月后	3个月后	6个月后
1	月　日												
2	月　日												
3	月　日												
4	月　日												

艾宾浩斯遗忘曲线复习计划表

序号	学习日期	定期打卡记忆内容，坚持收获成功	短期记忆复习周期（复习后打钩）			长期记忆复习周期（复习后打钩）							
			5分钟后	30分钟后	12小时后	第1天	第2天	第4天	第7天	15天后	1个月后	3个月后	6个月后
1	月　日												
2	月　日												
3	月　日												
4	月　日												

艾宾浩斯遗忘曲线复习计划表

序号	学习日期	定期打卡记忆内容，坚持收获成功	短期记忆复习周期（复习后打钩）			长期记忆复习周期（复习后打钩）						
			5分钟后	30分钟后	12小时后	第1天	第2天	第4天	第7天	15天后	1个月后	3个月后	6个月后
1	月 日											
2	月 日											
3	月 日											
4	月 日											

艾宾浩斯遗忘曲线复习计划表

序号	学习日期	定期打卡记忆内容，坚持收获成功	短期记忆复习周期（复习后打钩）			长期记忆复习周期（复习后打钩）						
			5分钟后	30分钟后	12小时后	第1天	第2天	第4天	第7天	15天后	1个月后	3个月后	6个月后
1	月　日												
2	月　日												
3	月　日												
4	月　日												

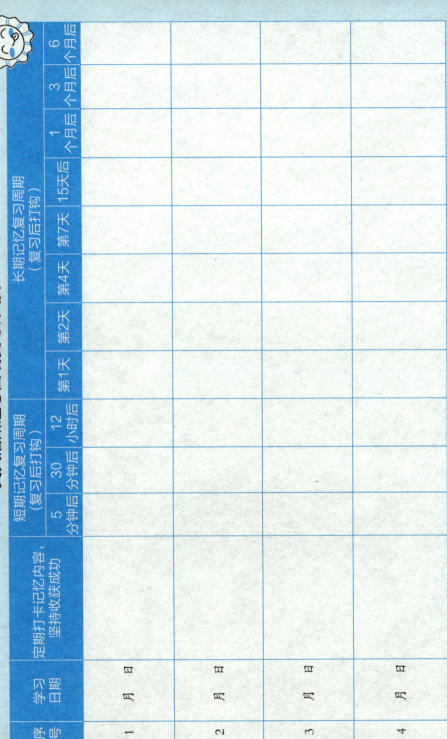

作业登记本

月 日	星期	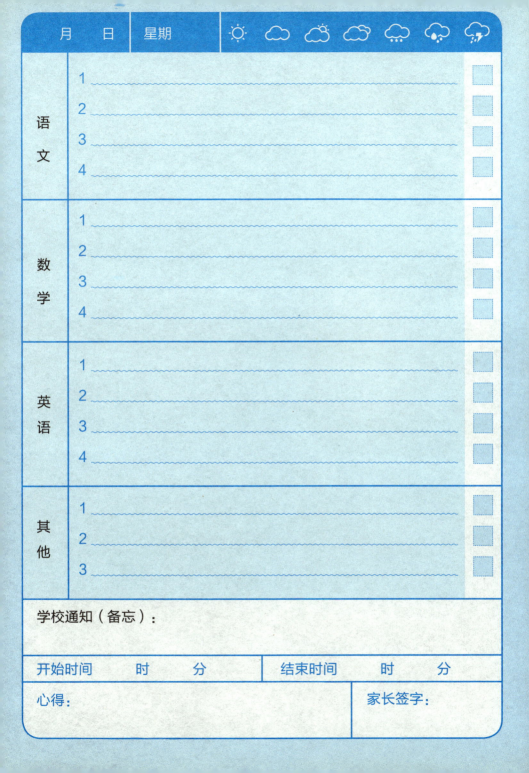

语文
1 ....
2 ....
3 ....
4 ....

数学
1 ....
2 ....
3 ....
4 ....

英语
1 ....
2 ....
3 ....
4 ....

其他
1 ....
2 ....
3 ....

学校通知（备忘）：

开始时间	时	分	结束时间	时	分

心得： 家长签字：

月	日	星期						

语文
1 _____
2 _____
3 _____
4 _____

数学
1 _____
2 _____
3 _____
4 _____

英语
1 _____
2 _____
3 _____
4 _____

其他
1 _____
2 _____
3 _____

学校通知（备忘）：

开始时间	时	分	结束时间	时	分

心得：

家长签字：

月	日	星期							

语文
1 _____
2 _____
3 _____
4 _____

数学
1 _____
2 _____
3 _____
4 _____

英语
1 _____
2 _____
3 _____
4 _____

其他
1 _____
2 _____
3 _____

学校通知（备忘）：

开始时间 时 分	结束时间 时 分

心得：

家长签字：

月	日	星期		☀	☁	⛅	☁	🌧	🌧	⛈

语文
1 _____ ☐
2 _____ ☐
3 _____ ☐
4 _____ ☐

数学
1 _____ ☐
2 _____ ☐
3 _____ ☐
4 _____ ☐

英语
1 _____ ☐
2 _____ ☐
3 _____ ☐
4 _____ ☐

其他
1 _____ ☐
2 _____ ☐
3 _____ ☐

学校通知（备忘）：

开始时间	时	分	结束时间	时	分

心得：

家长签字：

月	日	星期							

语文

1 _____ ☐
2 _____ ☐
3 _____ ☐
4 _____ ☐

数学

1 _____ ☐
2 _____ ☐
3 _____ ☐
4 _____ ☐

英语

1 _____ ☐
2 _____ ☐
3 _____ ☐
4 _____ ☐

其他

1 _____ ☐
2 _____ ☐
3 _____ ☐

学校通知（备忘）：

开始时间　　时　　分	结束时间　　时　　分

心得：

家长签字：

月	日	星期							

语文

1 _____ ☐
2 _____ ☐
3 _____ ☐
4 _____ ☐

数学

1 _____ ☐
2 _____ ☐
3 _____ ☐
4 _____ ☐

英语

1 _____ ☐
2 _____ ☐
3 _____ ☐
4 _____ ☐

其他

1 _____ ☐
2 _____ ☐
3 _____ ☐

学校通知（备忘）：

开始时间　　时　　分	结束时间　　时　　分
心得：	家长签字：

月	日	星期							

语文
1 _____
2 _____
3 _____
4 _____

数学
1 _____
2 _____
3 _____
4 _____

英语
1 _____
2 _____
3 _____
4 _____

其他
1 _____
2 _____
3 _____

学校通知（备忘）：

开始时间	时	分	结束时间	时	分

心得：

家长签字：

课堂笔记本

总结

总结

总结

_____年_____月_____日

总结

主题

总结

主题

总结

_____年_____月_____日

总结

学霸高效学习法

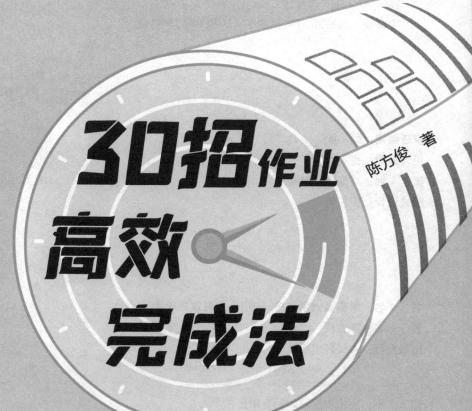

30招作业高效完成法

陈方俊 著

古吴轩出版社

图书在版编目（CIP）数据

学霸高效学习法．30招作业高效完成法 ／ 陈方俊著
．-- 苏州：古吴轩出版社，2022.8
ISBN 978-7-5546-1914-8

Ⅰ．①学… Ⅱ．①陈… Ⅲ．①小学生－学习方法
Ⅳ．①G622.46

中国版本图书馆CIP数据核字（2022）第034444号

责任编辑：顾　熙
见习编辑：张　君
策　　划：马剑涛　汲鑫欣
版式设计：崔　旭

书　　名：学霸高效学习法．30招作业高效完成法
著　　者：陈方俊
出版发行：古吴轩出版社
　　　　　地址：苏州市八达街118号苏州新闻大厦30F
　　　　　电话：0512-65233679　　邮编：215123
印　　刷：唐山市铭诚印刷有限公司
开　　本：880×1230　1/32
印　　张：20
字　　数：336千字
版　　次：2022年8月第1版　第1次印刷
书　　号：ISBN 978-7-5546-1914-8
定　　价：148.00元（全4册）

如有印装质量问题，请与印刷厂联系。022-69236860

目录

本书主要人物介绍

小豆芽：男孩，三年级，聪明伶俐，活泼开朗，但有点儿骄傲，得理不饶人。

虫虫：男孩，四年级，性格憨厚，乐于助人，十分有耐心。学习认真刻苦，但缺少好方法，效率低。

闹闹：男孩，三年级，调皮捣蛋，粗心马虎，爱耍小聪明，但胆子大，敢于尝试，勇于承认错误。

张小喵：女孩，五年级，思维活跃，办法很多，但性格急躁，爱抱怨，爱生气。

第一章

“清单法”让你从此
爱上写作业

1

做每件事前先想清楚步骤

闹闹以前每次做作业都要用很长时间，后来在好朋友小豆芽的指点下，他每天不到半小时就把作业搞定了。这到底是怎么回事呢？

今天，小豆芽去闹闹家写作业。闹闹的书桌有点儿小，挤不下两个人，小豆芽就去客厅的茶几上写作业。小豆芽不一会儿就把作业写完了，闹闹的进度却非常慢。

小豆芽看了好几次钟表，实在等得不耐烦了，因为两人原本约好写完作业一起玩儿呢。小豆芽来到闹闹的房间，发现闹闹一边挠头，一边盯着作业本，眉毛、眼睛、鼻子都快挤到一起了。

"哎呀，你是在写作业还是在取经啊？怎么这么慢啊？"小豆芽问道。

闹闹抬头看着他，无奈地说："在写数学作业啊，我到现在还没写完呢！"

"你早点儿说呀！哪道题不会做，快让我看看！"小豆芽真是服他了，居然用这么长时间还没写完作业。

在小豆芽的指导下，闹闹很快就把数学作业写完了。小豆芽以为终于可以一起玩儿了，可是闹闹红着脸说："我的语文作业和英语作业还没写呢！"

"什么？"小豆芽愣住了，他知道闹闹写作业慢，可没想到他竟然慢到这种程度。

看着小豆芽惊讶的样子，闹闹的自尊心受到了打击，哭丧着脸说："我也不想这样啊！"

"你啊，写作业太没有条理了！"小豆芽恨铁不成钢地说，"你难道不知道要先把自己喜欢的、擅长的学科的作业写完，再使劲儿啃其他难啃的学科的作业吗？"

闹闹听了这话，两只眼睛瞪得像灯泡一样，他一直以为应该先写自己最不擅长的学科的作业，再写其他学科的作业呢。

"原来是我把写作业的顺序搞错了呀！"闹闹终于反应过来。

"当然啦！还有，你要先写重要的或者紧急的那一科的作业。"小豆芽说。

闹闹有点儿不明白了：每科的作业不是都很重要、很紧急吗？看着他一脸问号的样子，小豆芽解释道："比如，有的作业需要明天交，有的作业可以过两天交，那我们当然要先写明天交的作业啊！还有啊，有的学科的作业是需要写的，有的学科的作业是需要背诵的，那就要先完成需要写的作业。"

闹闹恍然大悟地说："唉，我要是早知道写作业的优先顺序，就不会这么慢了！"

小豆芽像老师一样拍拍他的肩膀，说："嗯，亡羊补牢，为时不晚！"

我们写作业时安排好各个学科的顺序能有效提高学习效率。那么，我们该如何合理安排各学科的作业顺序呢？

我们先写自己擅长的、喜欢的学科的作业，这样可以提升写作业的兴趣和效率。

先写喜欢的

然后写不太拿手的学科的作业，这样就算写这一学科的作业时遇到难题，我们也有更多时间攻克难关。

然后写不太拿手的

还要按作业的紧急、重要程度排序，先写重要的、紧急的作业，次要的、不紧急的作业可以稍后再写。

分清轻重缓急

准备一个作业计划本，每次写作业前都把各科作业的顺序写在上面，这样更有利于帮助我们养成按顺序写作业的好习惯。

养成习惯

要点提示

一门学科一门学科地写

　　无论我们按照哪种顺序写作业，都要坚持把一门学科的作业写完后再写另一门学科的作业。如果遇到特殊情况，比如先写的学科的作业遇到难题，短时间内解答不出来，那可以暂时放下，继续写下一科的作业，这样更能节约时间。

养成按顺序写作业的习惯

　　我们根据学科安排好写作业的顺序后，要多坚持一段时间，直到养成习惯，以后就不会为给写作业排序而烦恼了。
　　写各学科作业的顺序不是一成不变的，我们可以根据具体情况做出适当的调整。

同类的学科作业不连着写

　　我们在写作业时，尽量不要把同类的学科作业连着写，以免造成大脑疲劳。例如，语文作业和英语作业大多需要背诵和抄写，安排写作业顺序时可以把它们分开。

2

合理分配写作业的时间

张小喵的同桌是个好学的学生 🎓，但她写作业的速度有点儿慢，这到底是怎么回事呢？

今天是星期四，张小喵最喜欢 这一天了。因为今天有自习课，她每次利用自习课的时间 就能把作业写完。

"丁零零……"下课铃响了，张小喵合上作业本，高兴地说："大功告成！"她只剩下一份手工 ✂️ 作业了。

"等会儿咱们去跳绳吧！"张小喵对同桌说。

"不行啊，我还没写完作业呢！"同桌也很想去跳绳，但她还没有写完数学作业。

"怎么可能呢？今天的语文作业和数学作业明明那么简单 2+2=4！"

"是很简单，但我花了太多时间读课文 📖，就没有时间写数学作业了。"同桌皱着眉头说。

"哦，这是你没有把写作业的时间分配好造成的！"张小喵已经看出问题的关键了。

同桌问她："那你是怎么分配时间的呢？"

"今天的语文作业，只是抄写生字词和读课文，我只用了十分钟；数学作业是计算题 $3+2=5$ 和应用题，我只用了二十五分钟就完成了；还剩下十分钟，我就把明天要学的新课文《落花生》读了两遍，今天的主要作业就全部完成啦！"张小喵自豪地说。

"棒，你把时间利用得真好！"同桌佩服地说。

"过奖啦，其实你也不错，只是读课文时太投入了，把时间给忘记了！"张小喵说。

"看来我需要一个写作业时间表了！"同桌说。

"嗯，这个主意真不错！"张小喵说。

张小喵就和几个同学去跳绳了，同桌学会分配写作业的时间后，很快就把作业都写完了。

我们想提高写作业的效率，就要合理分配时间。那么，我们该如何分配写各科作业的时间呢？

我们每次写作业前都要分析不同学科的作业的难易程度，列一个作业时间表并严格执行。

分析作业

把握时间

简单的作业快点儿写，如果作业不多，尽量不要超过二十分钟。难度大的作业可以放慢速度，但要在规定的时间内完成，如果完不成，就要分析一下是什么原因。

口头作业和实践作业放在最后做，但也要有时间限制。比如，朗读课文的时间是十分钟，简单的手工作业要在十五分钟之内完成，等等。

口头作业和实践作业最后做

每天学习和写作业的时间不能过长

我们学习和写作业的时间不能过长，否则大脑会疲惫，进而影响学习效率。一般来说，小学生每天写作业的时间不要超过一个小时。

分配好写作业的时间

我们可以像分配考试时间一样分配写作业的时间。一场考试一般需要九十分钟，解答基础题目只能用十五分钟，中等难度的题目要二十五分钟，难点和重点题目可能要用三十五分钟，剩余十五分钟是检查时间。大家用这样的方法分配写各科的作业的时间，用对待考试的态度写作业，效率就会大幅提升。

3

不走神儿才会写得快

虫虫的一个女同学是个"走神儿大王"，每次写作业都走神儿。这一次，虫虫想了个妙招💡，居然帮她把爱走神儿的毛病改掉了，她可高兴了呢🌸！

这天，虫虫去一个女同学家写作业。一个多小时后，虫虫就把作业完成了，但这个女同学的作业本上只有"豌"和"按"两个字。虫虫看了看她，发现她正盯着书桌上的玩具发呆。这时，女同学的爸爸妈妈也走了过来。

"哎哟，我的小宝贝，你都神游🛸到哪儿去了！你这个样子什么时候⏰才能把作业写完啊？"妈妈无奈地捂着额头说。

"别只顾着批评她了，赶紧想想有没有什么好办法🌼能让她不再走神儿呢？"爸爸问。

"我有一个办法！"这时，虫虫自告奋勇地说，"想让她写作业的时候不走神儿，可以让她周围的环境单调一点儿。"

　　"这很简单啊！那我们赶紧把她桌子上这些小玩意儿收起来吧，还有墙上这些花花绿绿的贴画。"爸爸说。

　　还别说，爸爸妈妈把书桌周围收拾干净后，女同学抬头时看不见各种玩具也就不再胡思乱想了。

　　过了半个多小时，女同学拍着手对虫虫说："太好了，我的作业写完了！"

　　"哟，还不到晚上八点，今天有进步啊！"爸爸妈妈听了她的话，看着钟表高兴地说，"虫虫的方法真管用！"

　　"宝贝，如果你连续两天都能快速写完作业，我们周六就去游乐园玩儿个痛快，怎么样？"爸爸想用奖励的方式激励她不断进步。

　　"好啊！"女同学兴奋地说，"我一定会做到的！而且我要和虫虫一起去游乐园玩儿！"

　　在虫虫的指导和爸爸妈妈的监督下，此后，女同学写作业时真的不走神儿了，每天晚上很快就能完成所有的作业。

学习有方法

写作业时频频走神儿是个坏习惯，我们怎样才能改掉它呢？

写作业时要认真专注，不看电视，不和父母聊天儿，不吃零食，等等，这样才不容易走神儿。 **认真专注**

学习环境简单 学习环境要简单一些。比如，书桌上不能有各种玩具、摆件等，文具要朴素一些，以免引起自己的遐想。

如果我们写作业时没有走神儿，在较短的时间内把作业完成了，就可以和父母商量一下，适当给自己一点儿奖励。比如，我们可以在父母的同意下，把户外活动的时间延长一些。

适当奖励自己

用"番茄作业法"写作业

　　我们想集中精力快速完成作业，可以参考父母们常用的"番茄工作法"，制订适合我们的"番茄作业法"。什么是"番茄作业法"呢？就是写作业时给自己规定一个时间段，比如二十分钟，我们把它叫作"番茄时间"。在这二十分钟内，我们只能认真写作业，不可以做其他的事情，二十分钟结束后，我们可以休息几分钟，然后继续认真写二十分钟的作业。不断重复这个过程，直到把作业写完。

　　我们需要注意，刚开始用"番茄作业法"写作业时，可以把时间设定为二十分钟左右，自己适应以后再慢慢延长时间。

　　除了写作业之外，我们也可以把这种方法应用到生活中。比如，设定"番茄时间"做家务等，让自己做事不再拖沓、走神儿。如果我们能做到做小事不走神儿，那么在学习或做其他事情方面也会越来越认真，从而养成受益终身的好习惯。

4

当天的作业当天完成

闹闹异想天开，把当天的作业推到第二天去写。他觉得自己的安排天衣无缝，可是第二天他累瘫了。这到底是怎么回事呢？

"闹闹，你的作业写完了吗？"傍晚，小豆芽在小区公园玩儿时碰到闹闹，就和他聊起天儿来。

"就差数学作业没写了，数学老师不是说明天放学之前交就可以吗？我明天到学校再写也不迟！"闹闹不在意地说。

"明天哪有时间写作业呀？"小豆芽吃惊地问道。

"有时间啊，早读之前，课间十分钟，吃完午饭后，不都是时间吗？"闹闹觉得这些时间足够他在第二天把数学作业补齐了。

不过，事情可没有闹闹想得那么顺利。第二天，他本打算早点儿到学校补作业的，可是早晨妈妈叫了很多遍 $n+1$ 他才起床，还差点儿迟到呢，早读之前是没有时间补作业了。

每次下课，他都要忙着做老师课上布置的练习题，也没有时间补作业。转眼间快到放学时间，他昨天的数学作业还没有补完呢，急得满头大汗。

"傻眼了吧，谁让你昨天不把作业写完的！"小豆芽看他手忙脚乱的样子，忍不住说道。

"小豆芽，你能帮我写一点儿作业吗？"闹闹可怜巴巴地看着小豆芽，央求道。

"自己的作业自己写！不过我可以给你讲几道题。"小豆芽可不能帮他写作业，否则就是害他了。

闹闹高兴地说："那也行，谢谢你。"

忙活了好一阵子，闹闹终于把昨天的数学作业补完了，赶在放学前把作业交给了老师。

"你们看过今天数学老师留的作业吗？难度可不小呢！"闹闹正和小豆芽说话，一位同学走过来对他们说。

"是啊！"小豆芽非常认同这位同学的话。

"啊？那我该怎么办呀？？"闹闹听到他们的谈话，着急地说。

"你是不是刚把昨天的数学作业补完？"那位同学问他。

"可不是嘛！"闹闹趴在桌子上，一点儿精神都没有了。

"我早就提醒过你，当天的作业要当天完成。"小豆芽笑着说，"你以后还敢不敢这么做了？"

闹闹抓着头发，一脸郁闷地说："唉，我知道错了，以后再也不敢这样了。"这一次，闹闹可算是长记性了。

学习有方法

当天的作业当天完成并不是件难事，我们参考以下三个方法就可以做到。

放学后认真查看自己记录的作业项目，如果没有把握，就和同学们核对一下，以免记错、少记作业。

检查作业记录

带好学习用具

再检查自己是否带齐了课本、作业本、练习册等，以免学习用具不齐全导致无法完成家庭作业。

我们每次写完家庭作业后，一定要认真检查，看看自己是否完成了各科所有的作业，以免出现漏写、少写的情况。

完成后做检查

今日事，今日毕

古人常说"今日事，今日毕"，意思是今天的事情一定要今天完成，不拖延、不懒惰。很多科学家、学者等都有这样的好习惯，我们写作业也应该如此，对作业越主动、积极，学习效果就越好。

有同学会问："如果今天的作业特别多、特别难，写不完怎么办呢？"遇到这种情况，我们可以采取以下两种方法：一是向父母、老师请教，争取尽快把作业完成；二是直接与老师沟通，和老师达成一致意见，这样就不会因为作业没完成而受到批评了。

5

适当休息效率高

虫虫很发愁，因为他最近这两天写作业的效率特别低。他的一个男同学认为这是缺乏休息导致的。缺乏休息真的会降低我们写作业的效率吗？

已经下课了，虫虫还在埋头做题，恨不得钻进练习本里去。

"走，出去玩儿会儿吧。"一个男同学说。

"不行啊，我得把这些题做完！"虫虫皱着眉头说。

"出去晒晒太阳吧，这对你有好处的。"男同学又劝道。

"不行不行，你自己去吧。"虫虫摆摆手，又埋头做题了。其实他已经很累了，但他记得老师说过勤能补拙，因此，他希望自己可以再勤奋一点儿，这样成绩就能提

升 得快一点儿了。

"那好吧。"男同学劝不动他,只好自己出去玩儿了。

又一个课间 到了,男同学以为虫虫已经把那些习题做完了,可是当他朝虫虫的练习本看时,发现虫虫只做完一半 习题。

"今天的习题可不简单,再加上家庭作业,看来我又要写到晚上九点多了。"虫虫难过地说。

"虫虫,你知道为什么你写作业的效率这么低吗?"男同学问他。

"为什么?"虫虫也不知道为什么自己写作业效率总是比别人低。

"你是太累了,需要好好休息 。"男同学笑着对他说。

"我这样都做不完习题,再休息就更浪费时间了啊!"虫虫觉得男同学的建议行不通 。

"这可不是我说的。很多科学家都已经研究过了,他们说适当休息,大脑才能得到放松,学习起来效率更高 ,不信你可以试一试呀!"男同学说。

"真的吗 ?那我该怎么做呢?"虫虫真的很想休息

一下。

　　"等放学后，咱们去小区公园赛跑吧　　，看看谁跑得快！"男同学说。

　　"好吧。"虫虫想了想同意了　　。

　　放学后，虫虫和男同学去小区公园赛跑，痛痛快快地出了一身汗　　，精神了许多。

　　"虫虫，写作业的时候也要注意休息　　，写半个小时可以休息五到十分钟，这样就不会太累了。"临分别时，男同学又嘱咐虫虫说。

　　"好的，谢谢你陪我玩儿！"虫虫笑着说　　。

　　回到家后，虫虫按照男同学说的去做。他惊讶地发现　　，自己写作业的效率真的高了一些　　，晚上不到八点半就写完了。

　　"原来休息真的能提高写作业的效率啊　　！"虫虫高兴极了。

学习有方法

　　休息好才能精力充沛，这样学习起来效率会更高。那么，如何休息才更科学、合理呢？

　　我们要保证充足的睡眠。夜间睡眠不能少于九小时，午睡应该在一小时以内。　**保证充足的睡眠**

注意放松　　我们在学习的过程中放松几分钟也能得到休息。

　　户外活动也能让我们得到休息。比如，写作业之前我们可以去户外运动一下，这样能让我们的身心得到放松。　**做户外活动**

笑笑更轻松　　写作业累了，痛快地笑一笑也能得到休息。

休息时要尽情放松自己

　　我们休息时要把学习的压力放到一边，尽情放松自己，这样更有利于接下来的学习。

　　其实，学习之外的一些事情也会给我们带来疲惫感。比如，同学之间闹别扭让我们情绪低落，生活中遇到麻烦事让我们心情烦躁，等等。所以，我们想提高写作业的效率，除了好好睡觉、好好运动之外，还要学会调节情绪，让自己拥有放松、愉悦的心情。

第二章

学霸们独立完成作业的
小秘诀

先温习再做作业

自从上了三年级，闹闹变成了"独立完成作业困难户"。小豆芽教给他一个方法后，他很快就能独立完成作业了。这到底是什么方法呢？

傍晚，在闹闹家里，小豆芽和闹闹正在写作业。

"这些题该怎么做呢？"闹闹双手抱头嘟囔道。

小豆芽正认真写作业呢，听他这么一说，心想："唉，看来这位同学上课时又没有好好听讲。"

"小豆芽，你能帮帮我吗SOS？"闹闹小声问小豆芽。

"现在我能帮你，那考试的时候我还能帮你吗？"小豆芽问他。

"考试的时候当然只能靠我自己呀。"闹闹回答。

"所以，你平时就要努力自己完成作业，这样考试的时候才不会紧张、慌乱啊！"小豆芽告诉他。

"可是，这些题我不会做啊！"闹闹愁眉苦脸地说。

"你写作业之前温习课本知识了吗？"小豆芽又问他。

"没有。"闹闹说。

"告诉你吧，现在的知识比一、二年级的难多了，你如果写作业之前不温习当天学的知识，写作业时会非常吃力的。"小豆芽告诉他。

"好吧，那我先温习今天学的知识。"闹闹赶紧拿过课本，快速地翻看着，好像有人在催他似的。

"温习不是走马观花，你这样一点儿效果也没有！"小豆芽实在看不下去了，闹闹怎么到现在还没学会温习呢？

"那该怎么温习啊？"闹闹问。

"先回想一下老师在课上所讲的内容，看看自己记住了多少。"小豆芽开始引导闹闹，"然后再认真看书，把自己没有记住的知识巩固一遍，之后再动笔写作业。"

"好吧。"闹闹虽然觉得很麻烦，但为了顺利完成作业，也只好硬着头皮按照小豆芽说的去做。他开始回想课上的内容，发现自己有几个知识点还没记清楚，就赶紧翻开书巩固一遍。

"原来是这么回事啊！"闹闹终于弄明白这些知识点了，他开始提笔写作业，虽然速度有点儿慢，但刚才那些不会做的题目已经能自己解答出来了。

闹闹做完题后，高兴地说："认真看书后，真的能解决自己不懂的知识呢！"

小豆芽笑着拍手说："是啊，遇到难点就要多看课本。"

闹闹边收拾作业本边信心满满地说："太棒了，我也可以独立完成作业了！"

学习有方法

大多数能独立完成作业的同学都有一个共同点：写作业之前先温习当天所学的知识。那么，我们温习时应该注意什么呢？

我们写作业之前要先回想当天老师所讲的内容，如果有记不清楚的知识，就需要重新学习和巩固。

回想知识点

我们回想结束后要看一遍课本，认真学习还不熟悉、没掌握的知识点。

看书巩固

我们经过上面两个步骤后，还要把今天学过的知识讲述一遍，比如讲述给父母听，对着镜子讲给自己听，等等。这样既能巩固知识，还能锻炼口才。

讲述好处多

要点提示

温习功课有技巧

我们温习功课时要有技巧：首先温习基础知识，其次温习重点知识，最后温习难点知识。这样不仅可以降低温习难度，还可以提高写作业的效率。

先温习再写作业

如果我们长期坚持先温习再写作业这种方法，知识就会掌握得更加牢固，期末复习时压力也会更小。

温故而知新

古人说"温故而知新"，因为温习功课可以加深我们对知识的记忆和理解，能让我们触类旁通，有更多新的收获。比如，我们在温习功课的过程中，会对所学的知识产生新的体会，或者联想到更多相关的知识点，等等。

2

不做作业界的"小马虎"

闹闹以前是个"小马虎"，写作业时经常出错，不是写错字就是算错数 3+2=6 ✗。后来，他在妈妈的帮助下慢慢撕掉了 🧻 自己身上的"马虎"标签。妈妈到底用了什么妙方呢？

写完作业后，闹闹习惯性地把作业本 📓 拿给妈妈，让妈妈帮他检查。

"这个孩子太马虎了！我要想办法让他改掉这个毛病。"闹闹又因为马虎写错了题，妈妈看着他作业本上的错误 📄，又生气又无奈。妈妈本想狠狠地教训他一顿，可是，妈妈意识到这个方法一点儿都不管用 😠，决定换个方法试一试。

"怎么样，我今天的作业没有写错吧？"闹闹得意地对妈妈说。

"这个嘛，好像都对了。"妈妈说。

"哈哈，太好了 ☝！"闹闹信以为真，连看都没看就把作业本放进书包里了。

第二天，尴尬 😵 的事情发生了。语文老师把闹闹作业中出现的错别字当作典型错误分析。语文老师说："闹闹同学的作业中出现了好几个错别字 ⊞！"后来，语文老师还当着全班同学的面批评他"马虎到家了"。

数学老师呢，直接叫了几位同学帮闹闹检查作业，看看他到底马虎到什么程度。

"天啊，72×4=76，闹闹连加号和乘号都分不清了！"一位同学说。

"53×3＝99，闹闹居然把数字'5' **5** 看成数字'3' **3** 了！"另一位同学说。

大家一边检查闹闹的作业，一边把各种错误说出来。闹闹羞愧不已 😖，真想找个地缝钻进去。

放学后，闹闹气呼呼 💢 地回到家，大声问妈妈："您昨晚为什么不帮我好好检查作业？害得我今天被老师批评，还被同学们笑话！"

"我检查了呀，你的作业不是全对了吗？"妈妈假装什么都不知道。

"什么全对呀，错了一大堆呢！"闹闹有点儿生气地说。

"是吗？我以后会认真检查的，不过，我可不敢保证每次都能检查出错误来。"妈妈抱歉地说。

"算了，算了，以后我还是自己检查作业吧！"有了这次糟糕的经历后，闹闹不再相信妈妈检查作业的能力了。

此后，闹闹每天写完作业都自己检查。因为不想再被老师批评、被同学们笑话了，他检查得非常认真，就怕自己又写错了汉字、看错了数学符号等。还别说，他的作业错误率真的降低了很多。

语文课上，语文老师当众表扬闹闹，说："闹闹同学这次的作业没有出现错别字，值得表扬！"同学们看着闹闹，有的人还对他竖起大拇指。闹闹别提多开心了！

学习有方法

我们要怎么做才能改掉马虎的毛病，提高写作业的准确率呢？

有的同学写作业时心里常常想着赶紧出去玩儿，自然容易出错了。所以，写作业时我们要做到一心一意。

专心致志

学会自己检查作业

检查题目，看看自己有没有审错题；检查汉字，看看自己有没有写错别字；检查数学符号、数字和运算过程，看看自己有没有看错符号和数字等。

我们在写作业时把涂改工具收起来，给自己一种"不能写错"的心理暗示，这样就不容易出错了。

收起涂改工具

要点提示

像对待考试一样对待作业

我们想改掉写作业马虎的毛病，就要端正学习态度。比如，我们要像对待考试一样对待作业，认真审题，认真答题，认真检查答案，就能减少因马虎而出错的情况了。

在生活中养成认真仔细的好习惯

我们应该从生活中的点滴做起，认真对待每一件事情。当我们在生活中养成认真仔细的好习惯后，写作业时就不会马马虎虎了。

在保证准确的前提下再追求速度

我们一定要注意，写作业并非越快越好，要先保证准确，再追求速度，这样才能把作业完成得又好又快。

3

写作业不偷懒、不抄袭

虫虫的同桌遇到麻烦了：作业没写完。她想了个馊主意——偷工减料地写作业，结果她在学校尴尬地过了一天。

虫虫的同桌这两天特别忙，既要参加舞蹈比赛，又要参加书法比赛，忙得连作业都没有写完。

这天早上，同桌急急忙忙赶到学校，拿出作业本，对虫虫说："快，把昨天的作业借给我抄COPY一下，我来不及自己写了！"

"啊？你要抄作业吗？这样不好吧！"虫虫说，他可不希望同桌做不恰当的事。

"偶尔一次嘛，我没有时间了！"同桌拽着他的胳膊央求道。

"我不是不想帮你，只是抄作业真的不好😞！你还是自己写吧，能写多少就写多少，实在写不完就跟老师实话实说，老师会原谅你的。"虫虫劝道。

"那好吧。"同桌虽然听了虫虫的劝，但她想快点儿写完作业，于是就想了个"妙招"💡——偷工减料。她心想："我少做几道题不就行了嘛。"

于是，她抄写生字词时就少写几个生字词，做练习题时就少做几道题，口头作业干脆省略……掉。于是，只用了三个课间的时间虫虫的同桌就把作业完成了。

"哇，你写作业的速度真快🚀呀！"虫虫都惊呆了。

"嘿嘿，这没什么啦！"同桌尴尬地笑着说。下午放学前，语文老师把作业本发下来了，虫虫同桌的作业评语是："写作业可不能偷懒啊，否则吃亏的是你自己哟！"虽然老师的话已经很委婉了，但是同桌的脸火辣辣的，就像被老师当面狠狠批评了一顿似的。

"你的脸怎么这么红啊？"虫虫惊讶地问。

"哦，没事儿，我只是有点儿热。"同桌不好意思说出实情，捂着作业本不敢让虫虫看。

过了一会儿，数学练习册也发下来了，同桌鼓足了勇气才把练习册打开，上面到处都是红色的叉 ，同桌还没来得及把练习册合上，虫虫刚好凑过来看到了。

"没事儿，你做的题目都对了 ，这些画叉的 地方都是你没做的。"虫虫看后安慰她说。

"唉 ，都怪我，如果我不偷懒，好好写作业就好了。"同桌惭愧地说。

"老师不是常说'知错就改 ，善莫大焉'吗？你肯定不会再犯这种错误了。"虫虫说。

"嗯，还好你没有借作业给我抄，不然我犯的错就更大了！"同桌很感谢虫虫阻止她抄作业。

"应该的，我是你的好朋友 嘛！"虫虫笑着说。

写作业时偷懒会让我们变得越来越不爱思考。那么，我们要如何做，才能写作业时不偷懒、不抄袭呢？

把作业看成是帮助自己进步的法宝而不是负担。写作业是为了巩固所学的知识，加深对知识点的理解。

别把作业当负担

和同学相互监督。比如和共同学习的同学互相监督、提醒，就不会出现偷懒、抄袭的问题了。

相互监督

遇到难题不着急、不退缩。我们应该静下心慢慢解答，实在解不出来时再向别人请教。

自主攻克难题

抄作业的结果=不写作业的结果

　　抄袭作业和没有写作业的后果是一样的。因为我们在抄袭作业的过程中，没有复习，没有思考，没有学习心得，成绩就不会得到提升。

写作业偷工减料会影响学习成绩

　　比如，有的同学写作业时总是把简单的题目写完，把重点题、难题空着，抄写单词、生字词时故意少写、漏写一部分。这种写作业的方式无法起到巩固知识、提升自我的作用，还会导致我们的学习成绩下降。

4

工具书是个好帮手

　　班级里出现了一个怪现象：大家都不喜欢用工具书查资料，觉得这样太麻烦，连虫虫也不例外。经过一节自习课后，虫虫可不敢再忽视工具书的作用了。这到底是怎么回事呢？

　　这天，虫虫在家里写作业。

　　"虫虫，你怎么拿着手机写作业啊？"妈妈无意中发现虫虫正拿着手机查东西。

　　"我有几个字不认识，用手机查一下。"虫虫轻描淡写地说。

　　"那你为什么不用字典呢？"妈妈觉得小学生还是多用工具书比较好。

　　"有点儿麻烦，还得翻来翻去的。用手机多方便啊，点一点就行了。"虫虫说。

"那你在学校 遇到需要查资料的情况该怎么办呢？"妈妈问道。

"那就问老师呗。"虫虫觉得这个问题太简单了。

第二天上自习课时，虫虫在书上看到"流光溢彩"这个词，不知道是什么意思，就举手向老师提问："老师，请问'流光溢彩'这个词是什么意思？"

语文老师说："这个词我已经解释过一次了，你为什么没有记住呢 ？"

"我没有及时把您说的话用笔 记下来。"虫虫低着头说。

"你说得也对，但最重要的是你没有自己翻阅工具书查找答案，如果是你自己找到的答案，你对这个词的印象就会更深刻 。"语文老师提醒他说。

"我知道了，老师。"虫虫惭愧地说 。

这时，语文老师意识到，班级里很多同学都忽视了工具书的重要作用，于是提醒大家："工具书是我们学习的好帮手，大家不要冷落 了它们，否则就浪费了特别有用的资源。"

同学们一听，都看看自己书桌上的字典、词典，有的同学发现自己已经很久没有翻过它们 了。平时，大家一遇到不认识、不理解的字词，不是直接问老师就是问同学，从不向工具书"请教"，还真是浪费了这些"好帮手" 。

虫虫拿出词典，找到"流光溢彩"这个词，上面不但有对这个词的解释，还有例句、近义词等。虫虫觉得这些信息都很有用，就拿出笔记本抄写下来 ，边抄写边想："工具书真的很有用啊！"

虫虫放学回到家里后，边翻看字典边做标记 ，还对妈妈说："妈妈，字典真能帮我很多忙啊！"

妈妈听后高兴地拍了拍虫虫的肩膀，笑眯眯地说："好孩子 ，你终于知道字典的好处了。"

学习有方法

工具书是我们学习的好帮手，被称为"无声的老师"。那么，我们写作业时该如何正确使用工具书呢？

有的同学使用工具书的速度非常慢。所以，我们平时要勤用工具书，熟练掌握工具书的使用方法。

熟练掌握使用方法

选取需要的信息

我们从工具书上查找答案时，要正确选择自己需要的信息。

查找不懂的字词时，我们不是看一遍字词的意思就把工具书放在一边，而是可以在工具书上做标注，或者把字词的意思抄写下来，以帮助我们加深印象。

做好笔记

要点提示

工具书对我们很重要

工具书在我们小学阶段的学习中作用非常重要。我们学会使用工具书，不但能解决各种疑难问题，还能锻炼自学能力呢！

我们每天还可以从工具书中选一些内容学习和记忆，这样做可以拓宽知识面。

电子产品不宜频繁使用

虽然手机、电脑等电子产品可以当作学习工具，但是我们不能频繁使用它们。原因有两个：一是这类工具通常无法满足我们动手写笔记的需要；二是这类工具会给我们带来各种娱乐的诱惑，让我们偏离学习的轨道。

5

写作业不用爸妈陪

　　自从上小学以来，闹闹的一个男同学每次写作业都要妈妈陪着，可是闹闹的到来打破了 ⊙ 这个惯例。少了妈妈的陪伴，这个男同学能独立完成作业吗？

　　今天，闹闹去一个男同学家玩儿，不过他们要先把作业写完才能玩儿。闹闹和男同学拿出文具 ◢ 准备写作业了，男同学的妈妈也坐在旁边陪着他们。

　　"阿姨，您不用陪着我们，我们自己可以 ☺ 把作业写完的。"闹闹对男同学的妈妈说。

　　"是吗 ☺ ？"男同学的妈妈有点儿不放心。

　　"告诉您吧，自从上了三年级我就不用 ✋ 妈妈陪着写作业了！"闹闹拍着胸脯自信地说，"他和我一样大，也能自己写作业。"

"宝贝♥，今天我们也试一试，自己写作业怎么样？"男同学的妈妈问道。

"唉，那好吧。"男同学没底气地说，他已经习惯让妈妈陪着写作业了。

房间🏠里只剩下闹闹和男同学。闹闹轻松地写起作业来。男同学就不同了，他瞪着作业本，一动不动。

"你是觉得不习惯吗？"闹闹看他这个样子，忍不住问道。

"嗯，这道题我不会做，如果妈妈在旁边，我就能问她了。"男同学说。

"你就是太依赖♥妈妈了！"闹闹说，"这样吧，你先把不会的题目空着，等我写完作业后，再帮你解答。"

"好。"听了闹闹的话，男同学也觉得自己太依赖妈妈了，他想证明一下自己也可以独立写作业。

半个多小时 00:35 过去了，闹闹已经把作业写完了，为了不影响男同学，他就在一旁安静地看书。

过了一会儿，男同学高兴地说："我写完作业了！"

"太好了，我们一起解决🔑你刚才不会做的题目吧。"闹闹说到做到，赶紧帮他解决难题。

没有父母的帮助，他俩不但完成了作业，还互相检查，纠正了错题，效率非常高。

"原来，我不用妈妈陪着也能把作业写好啊！"男同学兴奋极了，觉得自己又多了一项技能，仿佛瞬间变得强大了。

"当然啦！其实你特别棒，只是有点儿不自信而已。"闹闹称赞道。

"你们真棒！"看到孩子能独立完成作业，男同学的妈妈别提有多开心了。

自己写作业可以帮助我们养成独立思考的好习惯。那么，我们该如何独立完成作业呢？

不要父母陪写

写作业是我们自己的事情，应该由我们自己来完成。

主动写作业

我们要提高自制力，主动、认真地写作业，而不是让父母催促和监督。

不找父母帮忙

忍住不让父母帮忙。坚持一段时间后，就能养成独立写作业的好习惯了。

牢记注意事项

把写作业时的注意事项，比如坐姿要正确、不能走神儿等写下来贴在书桌上提醒自己。

要点提示

父母陪写作业也有弊端

在小学一、二年级时，父母陪写作业能帮助我们养成良好的学习习惯。到了三、四年级，我们就不能再让父母陪写作业了，否则会养成学习依赖性，不利于独立学习能力的培养。

相信自己有独立完成作业的能力

每位同学都要相信自己有独立完成作业的能力。小学阶段的知识难度并不大，我们都能独立解决大部分习题。如果遇到难题了，我们可以向父母请教，让父母提示一下思路和方法，而不是直接让父母给出答案。

第三章

错题是你的一大笔
宝贵财富

做一个"错题大侦探"

虫虫发现同桌又做错题了，不过他没有直接告诉同桌原因，而是让她自己去寻找原因🔍。

课间，虫虫帮同桌检查作业。

"你这道题写错了✗。"虫虫发现她做错了一道计算题。"你看，143÷22，结果怎么是'5余33'呢？"虫虫问道。

"就是等于'5余33'啊！我都验算📱过了，肯定没错！"同桌自信地说。

"不对，你再想一想🤔。"虫虫说，"对了，你不是希望长大后当个大侦探🕵吗？现在就开始做个侦探，寻找错题原因吧。"虫虫鼓励✊她做一次"错题大侦探"，自己去找到真相。

同桌听后兴趣大增，拿着作业本开始认真思考，嘴里还说着："好吧，我找找错在哪儿了？"

她打开数学书和笔记本，开始复习除数是两位数的除法知识点，想验证一下自己的答案是否准确。

"哦，原来余数不可以大于除数呀！"同桌这才恍然大悟。她赶紧把这道题重新算了一遍，然后把答案改为"6余11"。漏掉一个知识点，结果居然相差这么大！

"你快看看，这一次我做对了吧！"她把作业本拿给虫虫看。

"嗯，做对了！下次遇到这样的题目你还会做错吗？"虫虫说。

同桌把头摇得像拨浪鼓一样，说："当然不会啦，我已经知道正确的计算规则了！"

"这就对了，以后遇到错题一定要自己好好分析，这样才能加深印象，不会重复犯错。"虫虫说。

"好的！"同桌自信地说。

学习有方法

写作业可以检验我们的课堂学习效果，而分析错题可以帮助我们巩固知识、理清思路。那么，我们该如何利用错题提高学习质量呢？

找错因的方法有两种：一是把题目重新做一遍，看看问题出在哪里；二是复习课堂上学的知识点，看看自己哪里出错了。

找出错因

对症下药

如果是粗心马虎导致做错了题，我们就要注意培养自己认真仔细的学习习惯；如果是知识点没有掌握牢固，我们就要巩固知识点等。

我们要在错题的旁边把错因、涉及的知识点、解题思路等标注清楚。

做好错题笔记

我们要想改正错题，彻底掌握知识点，就要像侦探破案一样研究错题，从题目本身拓展到相关的各个知识点，全面分析错因才能避免类似的题目再次出错。

不同的学科要用不同的改正方法

对不同学科的错题，我们要采用不同的探究和改正方法。比如，语文和英语错题，大家以分析、理解为主；数学错题要以分析和练习为主；科学错题要以分析和实践验证为主。

多找类似的题目做练习

我们还要多找一些与错题题型类似的题目做练习，并总结这类题型的特点、易错点等，以巩固相关知识和掌握正确的解题方法。

2

张小喵和她前排的女孩尝试了一次互相检查作业，结果让她们又惊又喜 WOW!，她们约好以后要经常互相检查作业。互相检查作业到底有什么魅力呢？我们一起来看看吧。

"小喵，你的作业写完了吗？"自习课的下课铃响后，坐在张小喵前排的女孩就问张小喵。

"写完了，怎么啦？"张小喵问。

"咱们互相检查作业吧，这样效率会高一些。"女孩提议说。

"真是个好主意！我每次检查作业的时候都觉得特别无聊，而且有时还检查不出错误来，总觉得自己写的都是正确的。"张小喵说。

她们俩说着就把作业交换过来，你检查我的，我检查你的，别提有多认真了。女孩指着张小喵的数学作业本说："你这道题做错了，应该是不小心算错了结果。"

张小喵也指着 女孩的语文作业本说："你这个字写错了，是'庞大'，而不是'旁大'。"

"哈哈，我真是太糊涂了！"女孩都被自己犯的这个低级错误给逗笑了 。

"看，你这道数学题做错了 。"张小喵指着女孩的作业本说。

"做这道题的时候我想了半天 呢，没想到还是做错了。"女孩皱着眉头说。

"这道题我会做 ，要不要我把方法告诉你啊？"张小喵说。

"好啊，你就快点儿告诉我吧！"女孩着急地说。

"其实这种题目特别简单，你只要掌握做题思路就不会错的。"张小喵一边说，一边在演算纸 上给女孩讲解，三两下就把问题解决了。

"你的方法真是太棒了 ，这么简单！"女孩惊讶地说。

"这可是我的独门秘诀哟！"张小喵自豪地说。

"我把你的英语作业中写错的单词都圈出来了 。"
女孩指着张小喵的英语作业本说。

"你真的好细心啊，这种小错误我自己就检查不出来！"
张小喵边改错边对女孩说。

"以后我们经常互相检查作业吧，不但能快速 找出
错题，还能交流解题方法呢！"女孩高兴地说。

"正合我意 ！"张小喵点头说。

同学之间互相检查作业有助于彼此监督，互相学习，互相促进。那么，我们该如何提高检查质量呢？

我们检查别人的作业时不能放过任何一点儿错误，这既是对他人的负责，也是对自己的考验。

认真对待

写出客观的评语

我们检查完他人的作业后要进行评价。比如，作业完成度如何、正确率如何等，方便对方改正和提高。

把自己的作业和对方的作业进行对比，看看自己做错了哪些题目，错在何处，还要总结、学习他人的解题思路等。

做好检后总结

要点提示

同学之间互检作业是一种非常好的学习方法，能激发我们的学习积极性和上进心，把知识学得更加牢固。

经常更换互检搭档

我们要经常更换互检搭档。如果两个非常熟悉的同学长期互检作业，效果就像检查自己的作业一样，效率会降低。经常更换互检搭档，能让我们在检查对方的作业时更专注、高效。

及时沟通作业情况

互检作业后，我们也要及时与对方沟通检查的情况，一起讨论错题，这样思路会更宽，方法会更多。对对方做对的题目，我们要认可和表扬对方；对对方做错的题目，我们也要友好、谦虚地与对方交流。

3

多做几遍错题

　　虫虫总是重复做错同一类题目，张小喵教给他一个好方法：把错题多做几遍。结果，虫虫真的找到了做错的原因，再也不在同一类问题上出错了。

　　傍晚，在虫虫的家里，虫虫和表姐张小喵一起写作业。

　　张小喵写完作业翻看虫虫的语文作业本时，发现了一个大问题。

　　张小喵说："咦，虫虫，你怎么总是做错同一类题啊？"

　　"是吗？让我看看。"虫虫一听，赶紧拿过作业本来翻看。

　　"这里、这里还有这里，你好像分不清比喻和拟人这两种修辞手法呢。"张小喵指着作业本对虫虫说。

"真的啊！我怎么都没注意到呢？"虫虫说。

"你现在总结和改正还来得及。"张小喵说，"如果你把这两种修辞手法理解透彻了，以后就不会再出错了。"

"可是，我到现在还分不清它们的区别呢。"虫虫皱着眉头说。

"我告诉你一个好方法吧，你只要把这几道错题多做几遍，就知道它们的区别了。"张小喵说。

虫虫说："好，我现在就试一试。"

虫虫开始反复做这几道错题，不断思考它们之间的联系和区别，做着做着就体会到了比喻和拟人的精髓。

"哈哈，我知道啦！比喻是把一种事物比作另一种事物，拟人是把某种事物当作人来写。"虫虫惊喜地说。

"嗯，你说得不错！那我现在考考你吧。"张小喵说。

"那你可要手下留情哦。"虫虫没底气地说。

"放心吧。'鱼儿在水中悠闲地散步。'这句话用了什么修辞手法？"张小喵问。

"是拟人，把鱼儿当作人来写，生动形象地写出了鱼儿在水中自由自在的样子。"虫虫想了一会儿说。

"恭喜你，答对了　　！"张小喵拍着手笑道，"我还有一道题。'鱼儿在水中自由自在地游着，就像人在陆地上散步一样。'这句话是比喻还是拟人？"

"这个嘛，没有把鱼儿当作人来写，而是说鱼儿游起来像人在散步，所以应该是比喻，对吧？"虫虫思考着说。

"对了，就是这样的！你已经无师自通了！"张小喵觉得虫虫真是太棒了　　。

"都是你教给我的方法好，要不是我把错题多做了几遍，估计还不知道这两种修辞手法的区别呢　　！"虫虫谦虚地说。

学习有方法

　　我们要想快速改正错题，最有效的方法就是把错题多做几遍。那么，我们该如何重复做各类错题呢？

　　错题中的难题，我们要多思考这道题的知识点和解题思路，换方法反复练习，多方位思考，强化记忆。　**难题要多思考**

同类题找到共同点　　错题中的同类题，我们在重复做题的过程中要不断对比和联想，找到它们的共同之处，做到融会贯通、举一反三。

　　错题中的简单题，我们要边做边思考自己为什么做错，反复练习，巩固知识点和解题思路。

简单题要找出做错的原因

要点提示

错题要做四遍

第一遍——我们要在改完错题后的周末把错题做一遍，看看自己是否还会出错。如果又做错了，就要好好分析原因，并重复练习。

第二遍——我们要在一个星期后把错题再做一遍，看看自己对这道题的解题思路是否还清晰。

第三遍——我们要在一个月后把错题做一遍，强化记忆。

第四遍——我们要在两个月后把错题做一遍，这样才能牢牢掌握这道题目。

每做一遍还要做个小总结

每做一次错题我们都要做一个简单的小总结，写下这次做题的感受、收获等。这样能让我们的思路更清晰，对知识点的掌握也更牢固。

4

小小错题本有大作用

　　这次数学 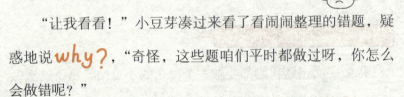 期末考试，闹闹连平时做过的一些题目都做错了。小豆芽看过闹闹的错题本后发现，原来是他平时没有好好整理错题才导致丢分的。错题本真的有这么大的作用吗？

　　"我的数学考得不好。"课间，闹闹有些失落。

　　"让我看看！"小豆芽凑过来看了看闹闹整理的错题，疑惑地说 **why?**，"奇怪，这些题咱们平时都做过呀，你怎么会做错呢？"

　　"我也不知道啊！该怎么向爸爸妈妈交代呀？如果我的成绩退步了，他们就不带我去游乐园玩儿了。"闹闹沮丧地说。

　　小豆芽翻看着闹闹的错题本，发现上面的错题写得密密麻麻的，但只有题目和答案，没有一点儿分析过程，而且杂乱无章。

"你的错题本也太没有章法了，这样整理错题是不行的。"小豆芽说。

"哦，那应该怎么整理呢？"闹闹一直觉得整理错题就是简单地把错题抄在本子上。

"喏，给你看看我的。"小豆芽把自己的错题本递给闹闹。

闹闹打开一看，小豆芽的错题本字迹工整，每一道错题的旁边都标注着错误的原因、解题的思路、涉及的知识点等。更让闹闹惊讶的是，小豆芽还对这些错题进行了分类呢！

"哇，你这简直就是精心编写的错题书嘛！"闹闹惊叹道。

"哪有这么夸张！我只是多用了些时间分析错题罢了。"小豆芽笑着说。

闹闹看看小豆芽的错题本，又看看自己的错题本，差距真是太大了。他红着脸说："我能借鉴你的错题本来整理我的吗？"

"当然可以啦，你随便借鉴吧！"小豆芽大方地把本子递

给 闹闹。

闹闹一边翻看小豆芽的错题本一边想："如果我这么整理错题的话，分数一定不会这么低的。"

小豆芽拍着闹闹的肩膀，笑着说："加油吧 ！"

从此，闹闹特别重视 错题本，还学着小豆芽给错题写批注、分类，而且经常翻看这些错题。一段时间后，闹闹就有了很大的进步 。

如果想更好地解决错题，避免以后再犯同样的错误，我们就要用小本子把它们记录下来。那么，我们如何用错题本解决错题呢？

我们在遇到错题、难题时，要及时把它们记录在错题本上。

及时记录

做好错题分析

我们记录错题时要对这道错题进行思考、分析、改正、总结。

我们要给错题进行分类，比如马虎型错题、知识点不熟练型错题、解题思路不清晰型错题等。

给错题分类

我们还要拓宽思路，争取用不同的方法解题，做到举一反三。

错题多解

　　几乎每个成绩优异的同学都有独具特色的错题本。比如，有的同学会把错题抄写在本子上，而有的同学直接把错题剪下来贴在本子上，等等。

错题本能记录很多内容

　　错题本不只是记录错题的，还应该记录那些自己不太理解的、蒙对的题目，这样才更有利于学习。

高效整理错题

　　我们整理错题时应该提高效率，字迹清楚、整洁即可，内容具体、准确即可，不要把太多时间花在装饰错题本上。

5

作业总结好处多

虫虫他们班的班长是个学霸 🎓，她的成绩为什么一直这么优秀呢？

今天 ☀️，虫虫和一个女孩一起去班长家 🏠 玩儿。虫虫无意中在班长的书桌上发现一个本子，上面写着"作业总结"，于是好奇地问班长："这是什么 ❓？是错题本吗？"

"哈哈，不是的，这是作业总结。"班长说着打开本子，展示 🖼️ 给两个好朋友看。

"5月13日，语文作业很简单，我学会了'舒''适''愉'这几个字；数学作业 📝 只有一道难题……"虫虫一边看一边念道。

"班长，你写这些有什么用啊 😠❓？"女孩问。

"用处可大啦 ！每天总结一下自己的作业情况，可以让我学得更明白，也更了解自己的优势 和弱势 呀。"班长认真地说。

"所以，你每天都会做一次作业总结吗？"女孩又问。

"嗯 ！我每次写完作业后就会把错题和知识点整理一遍，这样就能强化记忆啦。"班长笑着说。

"你可真勤快！"女孩太佩服班长了。

"我是三天才做一次作业总结。"虫虫笑着说。

"如果不及时整理就会忘记 的。"班长说。

"除了每天的作业总结之外，你每个星期 、每个月还会做阶段 总结吗？"虫虫翻看着本子说。

"是啊！这样我就清楚自己的作业表现了，还能及时把错题复习几遍，是不是一举两得 呀？"班长自豪地说。

"经常做作业总结，考前就不会慌乱，而且会很自信，你可真厉害！"女孩笑着说。

"从明天开始，我也要每天都做作业总结！"虫虫说。

"我也是 ！"女孩说。

做好作业总结，有利于我们又快又好地完成作业。那么，我们该如何做作业总结呢？

老师布置完作业后，我们先花一点儿时间分析作业，看看各科作业的难易程度、作业量等，做到心里有数。

先分析作业

完成后及时总结

我们写完作业后，要及时总结自己的速度、准确度、对知识点的掌握程度等，这样就能检验我们的课堂学习成果了。

每个周末、月末都要对自己的作业进行总结，看看自己这段时间的作业完成情况、错题解决情况等。

进行阶段总结

要点提示

我们要坚持每天做作业总结，这样可以提高写作业的效率，巩固当天所学的知识点。

做作业总结前先想一想

我们在做作业总结前，要先认真想一想"老师为什么留这些作业"，这样能帮助我们把作业和知识更好地结合起来。

越总结越熟练

学生做作业总结就像成年人做工作总结一样，越总结越熟练，这会让我们养成良好的学习习惯呢！

第四章

五个妙招教你
轻松写好语文作业

在阅读中积累词语

虫虫写的作文总是干巴巴的，一点儿都不生动。听了妈妈的建议后，虫虫开始边读书边积累词语，果然尝到了甜头。

晚上，虫虫在家读课文，不过他读得磕磕巴巴的，一点儿都不流畅。"'有一个豆荚，里面有五粒豌豆……'这个作者怎么净挑一些我不熟悉的字词写！"虫虫抱怨道。

"你这个孩子，自己不认识这些字词，怎么还埋怨上作者了！"爸爸无奈地说。

"可是，这些词真的有点儿拗口啊！"虫虫说。

"还说呢，这都是你平时不注意积累词语造成的。"妈妈批评道。

"我们课本上的生字词就很多，我能把它们记住已经很不

容易了　！"虫虫觉得积累词语是件很辛苦的事情。

"只掌握那些生字词是不够的，你没发现自己的作文每次都写得一塌糊涂，读起来特别乏味吗？"妈妈说。

虫虫每次写作文都很痛苦　，而且写来写去都是那些常用的词语，枯燥乏味，连他自己都不喜欢看自己写的作文。

"那我该怎么办呢？"虫虫问。

"从现在开始，每天读课文、读课外书的时候多积累一些自己不熟悉、不常用的词语，坚持一段时间　，你写作文就不会干巴巴　的了。"妈妈说。

爸爸说："嗯，你按照妈妈说的办法做吧。"

虽然听起来就有点儿麻烦，但虫虫还是决定照做，因为他也很想写出一篇好作文，被老师夸奖夸奖　。

他接着读课文，还拿出本子和笔，边读边写下自己不熟悉、不常用和喜欢的词语。一篇课文读完了，他发现自己积累了11个　词语呢！

他刚把本子合上，妈妈就对他说："这些词你都理解吗？"

"我不是很理解这些词的意思。"虫虫说。

"这样是不行 no 的，要想把这些词运用到作文中，你就必须理解它们。"妈妈说。

"那我还得查词典啊 。"虫虫边说边拿出词典，把这些词语查了一遍，把它们的意思抄写下来，慢慢理解。

"你现在可以试着用这些词语造句了。"妈妈说。

"好，我用前几天看到的'怒吼' 造句吧。狮子在和鬣狗搏斗，只听一声怒吼——'嗷'，狮子扑过去咬住鬣狗的脖子，把鬣狗 咬死了。"虫虫试着用"怒吼"造了个句子。

"嗯，句子造得不错！不过'咆哮'是不是比'怒吼' 更形象呢？"妈妈说。

"还真是啊！太好了，我以后也能写出好作文了！"虫虫高兴地说。

"只要你一直这么积累词语，总有一天会写出好作文的。"妈妈鼓励 加油 他说。

学习有方法

积累词语是学好语文的关键，那么我们如何在平时积累词语呢？

我们要认真对待老师布置的朗读课文、阅读课外书等作业，并将文中的好词、生词、难词一一标注出来，便于我们查看和记忆这些词语。

广泛阅读

准备一本好词本

把我们阅读时遇到的好词、生词、难词等抄写下来，并利用工具书，详细理解这些词语的各种意义，同时关注它们的近义词。

我们学到几个新词语后，要试着用它们来造句，或者把这些词语编写成一段话以加强对它们的理解和运用。

用新词语练习造句

长期坚持积累词语

　　我们每天都要积累新的词语，每星期还可以做个小总结和复习，长期坚持后才能更娴熟地应用它们。

用推敲法掌握词语

　　我们在阅读文章的过程中可以尝试用推敲的方法掌握一些词语。比如，我们看到"它伸起腿来掸掸翅膀，拂拭那长着一对红眼睛的圆脑袋"这一句时，就可以用其他近义词来替换"掸掸"和"拂拭"这两个词语，然后将原句与替换后的这句话进行对比，看句意是否发生变化，从而更准确地掌握和运用词语。

2

不做"错别字大王"

闹闹写作业时有个毛病：爱写错别字。小豆芽教给他一种方法，他使用之后真的改掉了这个毛病。

自习课上，闹闹和小豆芽正在互相检查作业。

"闹闹，你的语文作业里有四个错别字。"小豆芽指着闹闹的语文作业本说。

"唉，我怎么又写错字了？"闹闹苦恼地说。

"嗯，我觉得可能是你一开始抄写生字的时候就写错了吧。"小豆芽猜测说。

"可能是吧。你看这个'吃'字，我一开始就写错了。写成一个'口'加一个'气'，到现在也没有改正过来。"闹闹皱着眉头说。

"还有啊，'讨厌'的'厌'是一个'厂'加一个

081

'犬'，你却写成了一个'厂'加一个'大' 厌 。如果考

试时写错了，你不就要失分了吗 ？"小豆芽说。

"可不是嘛！那我该怎么办呢？"闹闹十分郁闷。

"我有个方法能帮你改掉写错别字的毛病，你想听吗？"
小豆芽笑着说。

"当然想听啦！你快说，你快说！"闹闹十分期待
地说 。

"这个方法叫作'字义纠错法'。"小豆芽说。

"'字义纠错法'？是什么意思？"闹闹问道。

"就是写一个字或者一个词语的时候，仔细想一想它的意
义。比如'厌'，意思是惹人烦，那你就可以联想到：大大的
工厂里有只狗 在汪汪大叫，吵得人心烦 。是不
是就把'厌'的意思表达出来了？这样你就不会把'厌'字写
错了。"小豆芽解释道。

"有道理！那'吃'字该如何用这种方法来改正呢？"闹
闹还在为经常写错的"吃"字而发愁。

"这个嘛，你可以这么想，吃就是一个乞丐张着嘴
向别人讨要食物 ，这样你就不会写错啦！"小豆芽想了
想说。

"对呀，小豆芽，你可真棒！"闹闹欢喜地说。

　　"你快用这个方法改一改其他的错别字吧。"小豆芽说。

　　"'汹涌澎湃'是形容水很大、很急，所以每个字都应该有'氵'，而不是'凶涌澎湃'。"闹闹边说边把作业本上的错字改了过来。

　　"对，就是这样，你学得很快啊！"小豆芽鼓励他说。

　　"嘿嘿，这是因为你教给我的方法好！"闹闹笑着说。

　　自从用了"字义纠错法"，闹闹真的很少再写错别字了。

学习有方法

我们写作业时要养成不写错别字的好习惯。那么，我们具体该怎么做呢？

我们在抄写生字、生词时要认真看清楚每个字的写法，以免养成错误的写字习惯。

看清字词再动笔

联想字词的意义

我们改错字时要多想想这个字或者词语的意义，根据字义、词义改错。就像故事中讲的一样，如果我们把"厌"字的意思像文中的小朋友那样去理解，就不会把它写成一个"厂"加一个"大"了。

我们要经常整理、对比写错的字词，发现正误字词间的区别，以免日后再写错。

勤整理错别字

要点提示

了解错别字的类型

我们经常出现的错别字类型包括：形似致误的错别字、义似致误的错别字和音似致误的错别字。我们之所以会把字写错，是因为这些字要么字形很像，要么发音一样，要么字义相近。如果大家不注意区分它们之间的微妙差别，就很容易出现写错字的情况。

对有疑问的字词及时查字典确认

书籍是向大家传递知识的。但是有些课外书上可能会出现错别字，所以我们读书时不能尽信书，一旦对某个字、某个词有疑问，就要及时查字典确认。

多了解汉字的来源与变化过程

每个汉字都有独特的意义，我们平时应该多了解一些汉字的起源以及演变过程等，这样就不容易写错字了。

3

好玩儿的句子缩写和扩写

虫虫最不擅长做缩写和扩写句子这种习题了，同桌教给他一种方法后，他很快就掌握了 做这种习题的技巧。

今天下午的自习课上，同学们在写作业，而虫虫又在为语文作业的句子缩写和扩写头疼了 。

"怎么又要做这种题啊？"虫虫郁闷地说道。

"哈哈，这是你的短板吧？"同桌说。

"可不是嘛！"在虫虫看来，这种题目只有老师和学霸才会做。

"只要你找到诀窍，做这种题就很简单了！"同桌说。

"诀窍？做这种题目也有诀窍吗？"虫虫好奇地问。

"当然有啦！你只要找到句子的'主谓宾'，无论是扩写还是缩写就都非常容易了 easy 。"同桌解释道。

"'主谓宾'？听起来可是有点儿难啊！"虫虫一脸痛苦地 说。

"哎呀，一点儿都不难 。你听我说嘛！"同桌开始详细地给虫虫解释什么是"主谓宾"，"'我吃水果'就是最简单的句子，'我' I 是主语，'吃' 是谓语，'水果' 是宾语，加起来就是'主谓宾'结构。每次缩写句子的时候抓住'主谓宾'就行啦。"

"哦，原来是这样子的呀！"虫虫若有所思地点着头说，"我好像明白了一点儿 ！可是，扩写句子和'主谓宾'有什么关系呢？"

"扩写句子就是在'主谓宾'前面或者后面分别加上合适的内容啊！比如'我吃水果'，就可以扩写为'饥饿的我正在狼吞虎咽 地吃各种各样的水果'。"

"哇，你扩写得太棒了 ！"虫虫十分佩服地说。

"那是当然，这种题目我可从来没有丢过分 呢！那你听懂了吗？"同桌说。

"听懂了，不过还需要练习练习。"虫虫看着练习题说。

"你现在就开始写 这些习题吧，等一会儿我帮你检查，看看你有没有掌握我教给你的方法。"同桌说。

虫虫开始认真地写作业了，每缩写或者扩写一个句子之前，他都要把这个句子的主语、谓语和宾语找出来，然后再分析到底怎么写。过了一会儿，他高兴地把作业递给同桌，说："小老师，快看我写得对不对？"

"不错，不错，真是个好学生，一教就会！"同桌看着虫虫的作业笑呵呵地说。

"太好了，我再也不用为这种题目发愁啦！"虫虫高兴得快要蹦起来了。

学习有方法

经常练习缩写、扩写句子不仅可以提升我们的语感，还可以增强我们对语法的认识。那么，我们该如何练习呢？

认真读句子，把主语、谓语和宾语标记出来。比如，"我有一支彩色的铅笔"，"我"是主语，"有"是谓语，"铅笔"是宾语。

标出"主谓宾"

去掉修饰词

缩写句子的具体方法是：保留主要成分，尽可能去掉全部修饰词，保留句子中的否定词、时态助词和语气词。

扩写句子有两种方式：一种是整体扩句法，就是把句子的整体进行扩写；另一种是局部扩句法，就是把句子的局部进行扩写。

两种方式扩写句子

要点提示

多做练习

　　我们平时要多做一些缩写和扩写句子的练习。这种练习能够锻炼我们的分析能力，帮助我们掌握基本的句型和语法知识，对我们未来的学习非常有帮助。比如，熟练掌握缩写、扩写句子的方法后，我们修改病句时能迅速找出语句的错误。

　　缩写和扩写句子还能让我们更好地了解各个词语的词类。比如，"写"是动词，"漂亮"是形容词，等等。

　　缩写和扩写句子还能锻炼我们的写作水平。比如，我们现在能把一个短句扩展为一个丰富的长句，以后也能把一段简短的故事扩展为一篇丰富多彩的作文。

4

仿写句段乐趣多

　　虫虫他们班的学习委员是个"小作家"，她模仿课文中的一个段落写了一篇小作文。有的同学认为这是抄袭，但语文老师告诉大家，这是练习写作文的好方法！结果，全班同学都开始仿写句段了。

　　虫虫他们班的学习委员的每一篇作文，都会被老师当作范文进行讲解。这节作文课上，语文老师又把她的作文读给大家听。

　　"夏天的晚上，月亮出来了，从山的东边升起来了。奇怪，它是被山里的泉水洗过了吗？月盘明亮得就像一面玉做的镜子。月光柔和得就像春日的阳光，照亮了一片片山林和草地，照亮了乡间的田野和丘壑，照亮了城市的一栋栋高楼，也照亮了我的窗户，照亮了我的

梦想 。我和妈妈趴在窗台上，欣赏着这美丽的夜景。啊，夜晚真美啊！"

"大家觉得学习委员写的这篇小作文怎么样？"语文老师问同学们。

有的同学说："写得太好了 。"

有的同学说："写得好生动啊！"

"那大家觉得这篇作文熟悉吗？"语文老师又问。

"我知道，和《走月亮》 这篇课文的前两段很像！"虫虫举手说。

"对，的确很像！"语文老师又对学习委员说，"你能告诉大家是怎么写出这篇小作文的吗？"

"我想写一篇关于夜晚的小作文，可是没思路，不知道该怎么写 ，就模仿了课文里的这段文字，又加入了自己的想法 。"学习委员说。

"这不是抄袭吗？"有个同学大声说 。

"才不是呢 ！"学习委员低声说。

"在这里我要声明一下，仿写句段不算抄袭。在平时练习写作文时，如果我们找不到思路，可以模仿别人的文章去写，但是不能直接照抄，要加入自己的想法。"语文老师说，"希望大家多模仿各种句段写一些短文，这能锻炼大家的写作能力哦。"

　　在语文老师的引导和鼓励下，班级里兴起了仿写风潮，很多人都模仿课文写小短文，虫虫还模仿著名诗篇进行诗歌创作呢！在仿写句段的过程中，大家觉得自己变成了"小作家"。

　　我们要想加快写作文的速度，可以采取仿写句段的方式，又好玩儿又有效。那么，我们具体该怎么仿写呢？

　　找风格类似的范文，否则写出的小作文会有不伦不类的感觉。

寻找范文

模仿范文

当我们要写一篇作文，但不知道从何处写起时，就可以参考范文的结构、写作思路等去写。

　　我们可以模仿范文中的比喻、排比、夸张、拟人等修辞手法，让自己的作文更有文采。

模仿修辞

不抄袭

抄袭是写作文的大忌。但把范文中的少许好词好句放进自己的作文里，属于词句的积累。

要点提示

宋代教育家朱熹说："古人作文作诗，多是模仿前人而作之，盖学之既久，自然纯熟。"这是告诉我们，写文章、写诗都要经历仿写的阶段，练习多了自然就会创作了。

选择名家名篇进行仿写

我们仿写句段时最好仿写名家名篇，比如名著中的片段、课文中的片段等。名家名篇是作文中的典范，我们模仿这样的文章更容易提升写作水平。

仿写时要加入更多自己的想法

我们仿写文章时要积极思考，加入更多自己的想法，以免过于依赖仿写，出现一旦脱离参考文章就文思堵塞的情况。

5

今天语文老师又让大家写✏️读后感了，张小喵利用课间的一小会儿时间🕐就写完了。她用的是什么方法呢？

"张小喵，你在写什么呢⁉️？"张小喵一下课就埋头写东西，特别入神，连同班的一个女生走到她身边都没有发现。

"哦，我在写读后感呢！"张小喵头都没抬地说。

"是今天语文老师留的那个作业📖吗？"女生连忙说，"我还没有思路呢，你居然都快写完啦！"

"对呀，今天这篇课文太精彩⭐了，我一下课就开始写读后感了。"张小喵边写边说。

"真羡慕你呀，我到现在连一点儿想法都没有呢！"女生

愁眉苦脸地说 。

　　"其实写读后感挺简单的，等一会儿我教你怎么写。"张小喵依然低头飞快 地写着字。

　　过了一小会儿，张小喵放下笔，开心地对女生说："大功告成啦 ！你知道为什么我写读后感那么快吗？"

　　女生摇了摇头。

　　"因为我把自己读了文章后的感触一股脑都写 了出来。"张小喵说，"比如《慈母情深》 这篇课文，刚读完两遍，我就被课文里的情节打动了。我觉得这位妈妈太伟大了，自己挣钱那么辛苦，却还拿极有限的钱给孩子买课外书看 。我从母爱的角度写读后感，所以写得特别快。"

　　"原来是这样啊！"女生有点明白了，但她还是有些困惑 ，"可是我对这篇课文没什么感触啊，这样该怎么写读后感呢？"

　　"那就证明你没有读懂这篇课文，还需要继续读，直到你有了自己的观点 、感触为止。"张小喵说。

　　"哦，看来我还需要多读几遍课文呢！"女生说，"我有了自己的观点之后，又该怎么写呢？"

　　"那就先阐述、分析 自己的观点，然后用课文中的内容和事实证明自己的观点，最后再做个总结，一篇完整的读后感就写好了。"张小喵说。

"我明白了，原来写读后感是有步骤的。"女生恍然大悟地说 。

"对啊，只要掌握了基本步骤 1—2—3 就很简单。"张小喵说。

女生根据张小喵的指导，读了几遍课文后有了自己的感悟：钱要花在正确 的地方。然后，她围绕这个核心观点进行阐述，很快就写好了一篇不错的小文章。

女生把这篇小文章拿给张小喵，说："你看看我写的读后感 怎么样。"

张小喵仔细看后，笑着夸奖说："你学得真快，这篇读后感写得挺好啊！"

女生不好意思 地笑了，说："是你这位小老师教得好。"

学习有方法

我们如何才能写出一篇有感而发、精彩的读后感呢？

要多读几遍文章或者书籍，直到有自己
的感悟、体会。

多读几遍

我们要从感悟中提炼出自己的观点，
并用文中的内容分析和证明自己的观点。

提炼出观点

我们要围绕核心观点阐述在学习和生活
中应该怎么做，使之具有现实意义。

结合现实

读后感各部分之间还要紧密联系。

各部分要连贯

结尾要起到总结全篇或者引人深思的
作用。

结尾简洁明了

要点提示

　　写读后感对我们的学习、成长有很大的帮助。比如，可以记录我们的阅读体会，可以提高我们的理解和表达能力，让我们对自己的未来、人生有更深刻的思考。

读后感有很多形式

　　读后感的形式有很多，包括评注式读后感、心得式读后感、摘要式读后感等。评注式读后感是我们对文章的评论，心得式读后感是我们读完文章后的感想、认知、启发等，摘要式读后感则是我们对文章精彩处的摘录。我们平时所写的读后感大都是心得式读后感。

写自己感触最深的某个方面

　　我们读完一篇文章或一本书后会产生很多感想，但写读后感时通常挑选感触最深的一个方面进行叙述，这样文章才更凝练、具体。

第五章

数学作业就是一场
思维闯关游戏

把概念和公式熟记于心

虫虫在闹哄哄 ⟨涂鸦⟩ 的教室里背诵新学的数学概念和公式。班长和同桌告诉他背诵数学概念和公式是有技巧的。用了她们教的技巧后，虫虫很快就记住了两个概念，真是神奇啊 ⟨水晶球⟩！

下课了，同学们都在玩耍 ⟨图案⟩，声音有些嘈杂。虫虫双手捂着耳朵 ⟨小人⟩，嘴里念念有词，好像在背诵什么。

"别背了，咱们玩儿会儿吧！"班长跑过来对他说。

"可是我还没有把今天学的数学概念背 ⟨图案⟩ 下来呢！"虫虫愁眉苦脸地说。

"现在周围这么闹腾 ⟨图案⟩，最不适合背诵了。"同桌听了他们的谈话后说道。

"不会吧？"虫虫说。

"背诵概念、公式这些知识点时，一定要集中注意力才行。如果周围的环境太吵闹了，你的注意力容易被分散，当然就很难记住了。"同桌说。

"还有，你这样死记硬背是不行的，很容易忘记。"班长也提醒他。

"这些数学概念1234、公式不就是应该死记硬背的吗？"虫虫一直都是这么背诵的。

"哈哈，怪不得你总是背不下来这些知识点呢！"班长开始教他背诵概念和公式的方法，"背诵数学概念的时候，一定要进行对比。比如平行四边形和梯形的概念，它们的区别是什么？"

"平行四边形的两组对边都平行，梯形只有一组对边平行。"虫虫看着数学书说。

"弄清楚它们的本质区别，你就能一下子背诵出两个概念了。"班长说。

"真的耶。比我死记硬背管用多了！"虫虫想了想说。

"虽然现在背下来了，但你还是要经常看一看，记一记，这样才能记得更牢固。"同桌又提醒他。

"好的，真是太谢谢你们了！"虫虫高兴地说。

"那我们出去玩儿会儿吧！"班长提议说。

"好啊，我已经很累了，正好放松一下。"虫虫高兴地和两个好朋友一起出去玩儿了。

我们怎样才能把新学的概念和公式背熟呢？

选择一个安静的环境，有利于我们集中精力把概念记得更快、更牢。 **选择安静的环境**

对比记忆法 很多数学概念和公式之间是有联系的，我们可以根据它们之间的区别进行对比记忆。

多看、多读、多想、多写，通过重复记忆巩固知识。 **"四多"背诵法**

如果我们能把概念和公式运用到现实生活中，那就会记得会更牢哦。 **学会运用**

要点提示

可用"问答法"理解数学概念

我们可以采用"问答法"理解和记忆所学的数学概念。同学之间就相关的概念进行问答,把自己对这个概念的不解、困惑等都问出来,然后由同学一一解答,从而帮助自己彻底理解这个概念。

查找资料了解数学概念

我们还可以查找各种资料,了解这些概念、公式产生的背景、推导过程、趣事等,来帮助我们深入了解相关的概念和公式,巩固我们对这些知识点的记忆。

2

心算是写作业的好帮手

　　虫虫的计算速度实在是太慢了，于是妈妈传授给他一种心算方法，帮他成功摘掉了"计算小磨叽"的标签。心算真的有这么神奇吗？我们一起来看看吧。

　　"三三得九，八九七十二……"虫虫边写数学作业边喃喃自语。

　　从放学到现在，他已经写了一个多小时的作业了。

　　"宝贝，今天的作业这么难吗？"妈妈关心地问。

　　"哎呀，今天的数学作业全是计算题！"虫虫说。

　　妈妈看了看数学作业，原来只有八道计算题，忍不住问道："你们班同学的计算速度都这么慢吗？"

　　"不是的，课堂上做练习题时，只有我和两三个同学做得很慢。"虫虫红着脸支支吾吾地说。

"原来是这样啊！"妈妈安慰他说，"我有办法帮你加快计算速度。"

"真的吗？那您快点儿告诉我呀！"虫虫可不想再当"计算小磨叽"了。

"你听说过心算吗？"妈妈问他。

"听说过呀，就是不用纸和笔也能算出很复杂的计算题。"虫虫说。

"你说得很对！其实心算都是有技巧的，只要用对了心算方法，再难的题目我们都能迅速算出来。"妈妈说。

"太棒了good，我也想学！"虫虫兴奋地说。

"比如，我们用数字重组法，把 12×25 变成 $2 \times 6 \times 5 \times 5$，就能算出答案是300了。"妈妈举例说。

"真的好简单啊！"虫虫觉得这种方法实在是太实用了，赶紧用来计算今天的题目。

"360×25 可以变成 $6 \times 6 \times 10 \times 5 \times 5$，答案是9000，我算出来了！"虫虫算出答案后高兴地说。

"你可不要高兴得太早哟，因为这种方法并不适用于所有的计算题。"这时，妈妈提醒说。

"啊？那还有其他的心算方法吗？"虫虫问。

"当然有啦 ，不过你要慢慢学，而且要刻苦练习。"妈妈告诉他，"提高心算能力可是很难的！"

"原来是这样啊！我以为几分钟就能掌握呢。"虫虫失望地说 。

"哈哈，台上一分钟 ，台下十年功 ，要认真练习才行。别人之所以能在几秒钟内算出复杂的题目，是因为他们花了很长时间来练习呢！"妈妈说。

"好吧，我会好好练习的。"为了加快 自己的计算速度，虫虫决定 好好练习心算。经过一段时间的练习，虫虫的计算速度加快了很多，他非常开心 。

学习有方法

我们该如何培养自己的心算能力呢？

我们在计算时一定要集中注意力，保证整个运算过程不出现纰漏。

集中注意力

每天坚持用计时器进行限时训练，才能渐渐加快我们的心算速度。

每天做限时训练

心算需要掌握各种计算技巧。比如，分裂凑整法：$13+5=8+5+5=18$；凑整消减法：$26+18=26+20-2=44$；改变运算顺序：$45-18+19=45+19-18=45+(19-18)=45+1=46$；等等。需要注意的是，每一种心算技巧都是有条件限制的，我们选择心算技巧时要注意分析题目。

掌握各种技巧

要点提示

人人都能学会心算

　　有的同学认为心算只有聪明的人才能学会，其实心算和智商无关，只要我们记住心算技巧，刻苦训练计算方法，就能掌握窍门，加快计算速度。

心算好处多多

　　心算可以帮助我们加快计算速度，提升专注力和记忆力。但是，心算好不代表数学学得好。因为数学能力是一种具有逻辑性、系统性、条理性的思维能力，并不是单纯的计算能力。另外，心算在某些方面与小学数学的学习是有一定冲突的。比如，数学课本教我们从低位开始运算，但心算是指引我们从高位开始计算。所以，我们要优先使用课本上的方法去进行数学运算，把心算仅作为一种补充。

3

数学题的审题要领

　　虫虫的同桌做数学作业时，总是急急忙忙地审题，所以经常是答非所问。她从虫虫那里学到一种"麻烦"的审题方法，使用之后颇有成效，很少再审错题了。这种"麻烦"的审题方法是什么呢？

　　课间，数学作业发下来了。虫虫的同桌迫不及待地打开本子，想看一看老师有没有给她一个大大的"优"优。可是当她满怀期待地打开本子的那一刻，映入眼帘的却是两个红色的"×"。

　　"咦，我哪里写错了呢？"同桌十分不解。她想："会不会是老师看错了？我要去问问老师。"于是，她拿着作业本冲到数学老师的办公室。

　　"老师，我认为这两道题我没有写错！"同桌笃定地对数学老师说。

"哦，是吗？那你再认真看看 ⟨0⟩⟨0⟩ 这两道题目的要求吧！"数学老师说。

同桌拿过数学书仔细读了一遍题目："不解答，只写出下面各题已知的是什么，要求的是什么。"

"怎么样，你觉得自己做的对吗？"数学老师又问她。

同桌看着自己作业本上列出的算式 $1+1=2$ 和结果，顿时红了脸，摇摇头说："不对。"

"你呀，下次写作业的时候一定要好好审题，不能这么粗心大意。"数学老师说。

听了老师的话，同桌灰头土脸地回到教室，乖乖地把自己写错的题目改了过来。

"虫虫，你平时都是怎么审题的？"同桌改完错题后问虫虫。她已经不是第一次犯这种错误了，很想改掉这个坏毛病。

"很简单啊，就是一个字一个字地读，不放过任何一个汉字和标点符号。"虫虫说。

"需要这么较真儿吗？"同桌觉得有点儿不可思议，她每次读题、审题都是一带而过，速度非常快。

"对呀！而且还要多读几遍题目，认真思考和分析，直到完全理解题目的意思为止。"虫虫说。

"这样有点儿浪费时间 呀！"同桌皱着眉头说 。

"如果我们把题目审对了，做题的速度就会快很多，错误率也会降低的。所以，多花点儿时间审题很重要啊 ！"虫虫认真地说。

"你说得有道理！"同桌点着头说。她按照虫虫的方法练习审题，过了一段时间，真的很少再审错题了，连数学老师都夸她进步很大呢！

正确审题是解答题目的前提条件。我们应该如何审题呢？

审题时我们要集中注意力，做到眼到、心到、口到，可以默读。 **眼到、心到、口到**

咬文嚼字 审题时我们要"咬文嚼字"，保证自己完全理解题目要求，然后动笔解答。

我们要边审题边给题目做标记，找出关键词、重点词句等，以抓住题目的核心。 **标记核心点**

看清计算题 对文字信息较少的计算题，我们要先看清楚数字和运算符号再答题。

要点提示

学会翻译题目

我们想锻炼自己的审题能力，就要学会翻译题目。翻译题目就是用自己的话把题目的意思表达出来。数学题目有时比较抽象，我们分析完题目后，要在心里把题目翻译一遍，让题目更加简单、易懂。

打破惯性思维

我们还要打破惯性思维，把每一道题目都当作新题目审读。比如，有的同学写作业时遇到一些相似的题目，就会直接跳过审题环节，按照以前的思维开始答题，这样很容易做错题。

4

“读题法”助解应用题

闹闹在做一道数学应用题时遇到了麻烦，还好张小喵及时教给他一种方法，让他读着题就把应用题给解决了。

这天下午放学后，闹闹去邻居张小喵家里写作业。

“这道题有点儿复杂啊！”闹闹一边读题一边念叨着。

“哪道题啊？”张小喵凑过来一看，原来是一道应用题。

“我又不是做生意的，干吗要做这样的题目？”闹闹噘着嘴说。

“哈哈，其实这道题不难，只是你还没有读懂题目的意思而已。”张小喵笑着说。

“那我该怎么办呢？”闹闹无奈地问。

“再把题目多读几遍啊！做应用题一定要好好读题，

不然很容易出错的。"张小喵提醒他。

闹闹又把题目读了好几遍。

"你现在理解题目的意思了吗？"张小喵问他。

"嗯，好像明白了。"闹闹不自信地说。

"那你把题目复述一遍吧。"张小喵说。

"一家宾馆想买纸巾，可以买一箱、三盒或者一盒。一箱是二十盒，要花六十元；三盒要花十元；一盒要花四元。买三十五盒和三十七盒时，怎么买最省钱？"闹闹复述道。

"你说得很对！那你有思路了吗？"张小喵又问他。

闹闹摇摇头说："还没有。"

"看来你需要继续读题。"张小喵建议说。

"啊？万一读完了我还是不会做怎么办？"闹闹觉得这么读下去也不会有什么结果。

"这一次读题时，你要读三遍。"张小喵说。

"为什么？"闹闹疑惑地问。

"你听我慢慢说嘛。第一遍读题时声音大一点儿，读准确了就知道题目的大概意思了；第二遍读题时声音小一点儿，边读边思考；第三遍要在心里默读，思考解题思路。"张小喵认真地解释道。

闹闹听了张小喵的话，又认真地把题目读了三遍，思路真的清晰了很多。"我知道答案了！如果买三十五盒纸巾，就买一箱二十盒的，买五组三盒的，一共花一百一十元。如果买三十七盒纸巾，就买一箱二十盒的，五组三盒的和两组一盒的，一共花一百一十八元！"他兴奋地对张小喵说。

"以后遇到应用题，你该怎么读题呢？"张小喵问他。

"当然是用'三遍读题法'啦！"闹闹还给这个读题方法起了个名字呢！

学习有方法

数学中的应用题，我们可以使用"读题法"解题。

第一遍要大声朗读，这样注意力会更加集中，不容易读错或者读漏。但考试时不可以大声朗读，只能默读。

大声朗读题目

小声细读思考

第二遍要小声细读，这样更有利于思考和找到题目考察的核心知识点。考试时要默读、细读。

第三遍默读，这样能更加专注地思考解题方式，快速解答题目。

默读解题

多默读思考

我们如果读完三遍还没有解题思路，可以多默读几遍，这样更有助于我们认真思考。

要点提示

读题时多联想

我们读题时要边读边联想，寻找更多的解题信息。比如，当我们读到"A的几分之几""A比B多几分之几"时，就要联想到"单位1"是谁。多想到一条有用的信息，我们就多一分解题的把握。

多动笔标记重要信息

我们读题时要多动笔，标记出题目的重要信息，这样有助于抓住重点分析题目，从而理解题目、解答题目。

"画图法"让数学题变简单

和妈妈玩儿了一次互问数学题的游戏后，张小喵又学到一种解题方法——"画图法"。几个小朋友经常用画图的方法解题，做题的速度都加快了呢！

张小喵和妈妈在玩儿互问数学题的游戏。张小喵出的几道题目把妈妈给难住了，妈妈决定考考她，就出了道难题："一条公路有50米长，最左端有一棵树，而且每隔5米就有一棵树，请问这条公路上一共有多少棵树？"

"这也太简单了吧，当然是10棵树了！"张小喵不假思索地脱口而出。

"不对，你再想想。"妈妈笑眯眯地说。

"啊？怎么可能！"张小喵觉得不可思议，她又算了好几遍，心想："不就是'50÷5＝10（棵）'吗？"

"怎么样，想出来了吗？"妈妈笑着问道。

"就是10棵！"张小喵自信地说。

"不对，不对，不是10棵！"妈妈十分确定地说。

张小喵遇到难题了，她想不明白自己到底错在了哪里。

"我建议你画一下图看一看。"妈妈给了她一点儿提示。

"画图？又不是图形题，画图管用吗？"张小喵纳闷儿地问，她可从来没有用画图的方式解答过应用题。

"当然管用啦！有的数学题用画图的方法来解答是最简单的。"妈妈说。

张小喵赶紧拿出纸和笔，一边思考题目一边画图。

"我知道了，是11棵！"张小喵兴奋地说。

"恭喜你，答对啦！"妈妈说，"你知道刚才自己错在哪里了吗？"

"我忘了这条公路最左端也有一棵树。"张小喵笑着说。

"做这种题目的时候，不能只考虑简单的算术 1+2=3，要尝试用画图的方法来解答。"妈妈告诉她。

"太好了，我又学到一种解题方法了！"张小喵高兴地说。

　　第二天，张小喵用同样的题目来考她的几个好朋友，其他人都没有答对，只有一个女孩说："是不是11棵树？"

　　"咦，你是怎么知道的？"张小喵疑惑地问。

　　"因为我画了一张图。"女孩把自己在纸上画的图拿给大家看。

　　"哈哈，原来你也知道这种解题方法呀！"张小喵笑着说。

　　"我是在预习'可能性'这一节的知识点时学到的，没想到用起来这么方便。"女孩说。

　　"太棒了，我们以后也要用这种方法解题！"其他几个朋友说。

学习有方法

解数学题的方法有很多，画图是最简单、最直观的一种。

当我们遇到数据较多、信息量较大的数学题时，可以画表格，把繁杂的信息填入表格中，使各个数据一目了然。 **画表格**

画草图 当我们遇到逻辑性较强的数学题时，可以用画草图的方式分析题目。

当我们遇到与长度、距离、大小等相关的数学题时，可以用画线段图的方式解答。 **画线段图**

画分析图 当我们遇到比较复杂的难题时，可以画出已知条件、未知条件以及数据间的关系等。

"画图法"能锻炼我们的分析能力

　　"画图法"能培养我们的分析能力。数学的逻辑性、抽象性较强，只有善于分析和思考才能学懂、学通、学好。"画图法"是把抽象的文字和数字变成具体的图像，这个过程能锻炼我们的分析能力。

让图符合题目要求即可

　　我们画图解题时不用在意线条是否笔直、表格是否整齐、分析图是否美观等，但是要让图符合题目要求。比如，画线段图时要把控好线段的长度差别，五厘米的线段一定要比三厘米的线段长，这样更有利于看图解题。

第六章

方法用对了，
英语作业就很简单

1

別怕错，大胆说英语

张小喵虽然是个学霸，但是不敢大声 🔇 说英语，总担心被别人笑话。在妈妈的帮助下，她不仅彻底改变了这种状态，而且提高 📊 了英语成绩！聪明的妈妈到底用了什么方法呢？

周末 sun，张小喵一上午都把自己关在房间里，不知道在小声嘟囔着什么。妈妈敲了敲她房间的门 🚪，问道："小喵，我能进来吗？"

"等一下 🚫，我给您开门！"张小喵慌慌张张地合上书，跑去给妈妈开门。

"你在做什么？"妈妈疑惑地问 🤔。

"没干什么。"张小喵故作镇定地说。

妈妈看了一眼，发现她的书桌上放着一本英语书 📄，

128

便说:"你在读英语吗?"

"嗯。"张小喵说。

"那好呀,你读给我听听吧!"妈妈高兴地说。

"不用了吧,我自己练就行了。"张小喵小声说。

妈妈知道她不自信,就鼓励道:"你读得特别棒,我可喜欢听你读英语了,来吧!"

"可是……那我读完您可别笑话我。"张小喵说。

"我当然不会笑话你啦!"妈妈笑着说。

在妈妈的鼓励下,张小喵打开英语书,开始朗读课文:"What do you have on Fridays? I have a PE class.(你周五有什么安排?我有一节体育课。)"

张小喵读完后,妈妈微笑着说:"你读得真好!不过,如果声音再大一点儿就更好了!"

"那我再大声读一遍吧。"张小喵得到夸奖,自信了一些,又提高音量,大声朗读刚才那篇课文。

"太棒了,你的英语发音又准又好听!"妈妈拍着手夸赞道。

又一个周末的早上,张小喵和妈妈出去玩儿,路上碰到一个外国人,妈妈就小声对她说:"你要不要去和他用英语打个招呼？"

"不不不，我可不要，人家会笑话我的！"张小喵连连拒绝。

"不会的，他会觉得你的英语特别棒，去试试嘛！"妈妈鼓励道。

张小喵只好硬着头皮走过去，对那个外国人说"Hello,good morning!（你好，早上好！）"

那个外国人笑着说"Hello,good morning!（你好，早上好！）"，然后还用中文对她说："你的英语说得很棒！"

张小喵高兴极了，也对这个外国人说："谢谢，您的中文也说得很棒！"

"怎么样，我没说错吧，你说的英语和外国人说的一样好！"妈妈高兴地对她说。

"嗯！"张小喵太开心了。她说的英语连外国人都认可了，她以后再也不用担心别人会笑话她了。

从此之后，无论是在课堂上还是生活中，张小喵都能自信地大声说英语，她的英语成绩又提高了呢！

学习有方法

我们如何激发自己说英语的热情呢？

在适合的公共场合（比如小区公园等）大声诵读英语课文。刚开始的时候，我们如果不敢在公共场合朗读，可以先在家里对着镜子练习，然后在亲朋好友面前诵读，最后去陌生人比较多的公共场合诵读。

大声诵读英语

与外国人交流

碰到外国人时，我们可以主动与对方交流。我们也可以跟着外籍教师和友人学习地道的英语发音。

我们还可以尝试一些有趣的学习方法，比如和同学们用英语来玩儿角色扮演游戏等。

尝试有趣的方法

在生活中也要多说英语

　　我们除了要在课堂上大胆说英语之外，还要在生活中多说英语。比如，我们多用英语和父母、同学等沟通。我们还可以尝试给自己创造一个良好的语言环境，如把写有英语单词、句子的纸条贴在书桌、墙上、冰箱等处。家里到处是英语词句，我们说英语的机会就变多了。

打好基础才能提升英语水平

　　我们无论用什么方法练习说英语，都要打好基础。比如，我们要积极纠正自己的单词发音，积极背诵单词、词组和句子等。时间久了，我们的英语水平就会得到明显的提升。

2

听力作业就像一首歌

虫虫的英语听力一塌糊涂 ◎◎ ，后来在爸爸的帮助和指引下，他慢慢有了进步 ，有时只听两三遍音频就能把听力题解决了 。爸爸到底用了什么方法帮他提高了英语听力水平呢？

这天，英语老师布置了听力 作业，是听短文填空。虫虫下午放学回到家里就开始做英语作业。他竖起耳朵使劲儿听，却还是一头雾水。

"你的状态不太好呀！"这时爸爸走进他的房间说。

"我什么都听不出来！"虫虫的脸仿佛皱成了一根苦瓜 。

"没事儿，我来帮你！"爸爸坐在他的旁边道，"现在你先把这篇短文从头到尾完整地听一遍。"

虫虫全神贯注地👀把短文听了一遍。

"你听到哪些单词了？"爸爸问他。

"唉，我连一个需要填写的词都没有听出来。"虫虫失望地说。

"别着急，现在我们一句一句地听。不过，我每一句只放三遍，你一定要集中注意力👀啊！"爸爸说。

虫虫很配合，每一遍都竖起耳朵听着👂。听完整篇短文后，他郁闷地说："三遍都听完了，我只写了两个单词。"

"奇怪，难道其他的单词你都没有学过吗？"爸爸问道。

"可能吧。"虫虫抱怨说。

爸爸翻开他的英语书📖，找到了这几个单词。原来，这些单词都是新学的。

"这些你都记下来了吗？"爸爸指着这几个单词问他。

"没有。"虫虫挠着头说。

"如果你连单词都不熟悉，怎么可能听得出来呢？"爸爸说，"听力作业也能检验🧪你对单词的掌握情况，只有会读、会背、会写这个单词，你才能听得懂、听得准。"

"怪不得我的听力这么差！"虫虫一直不太喜欢背诵单词，对有些单词一知半解，要么不会读，要么不会写，所以做听力作业时才那么吃力。

"那你以后该怎么做呢？"爸爸问他。

"好好读单词、背单词 recite 。"虫虫低着头说。

"以后除了背单词之外，还要坚持做听力训练。"爸爸提醒他。

"我知道了，我会一直努力的。"虫虫知道，这又是一场"持久战"，可是他只能咬牙坚持，否则英语成绩会越来越差的。

练习了一段时间后，虫虫慢慢觉得听力作业变得简单了很多，就像听英文歌曲一样，非常好玩儿。有一次，他只听了三遍就把听力习题都解决了。

"太棒了，我再也不怕听力作业了！"虫虫高兴得都快飞起来了。

学习有方法

英语听力练习的效果越好，我们的收获就越多。那么，我们该如何做听力练习呢？

泛听就是广泛地听，我们只要放松心情、集中精力，听出材料的大致内容即可。

泛听理解内容

精听材料

再精听几遍材料，直到把材料中的每个词、每个句子都听明白为止。我们精听时最好一整句一整句地听，这样可以培养英语语感。

什么是听说训练呢？就是一边听一边模仿听力材料的发音、语速等，提高自己的听力水平和口语水平。

勤做听说训练

要点提示

积极增加词汇量

我们平时多读、多背、多写、多听单词，积极增加词汇量，做听力作业时就会比较轻松。

每天适当练习

听力水平不高的同学尽量每天做一套听力练习题，练习题的难度要适中，练习时间保持在十分钟左右即可。

多接触英语视频和音频

我们平时也可以多看英语原声动画、多听英语儿歌等。这些视频和音频中的英语发音更准确，而且我们还可以在相应的语言环境中听英语，对提升我们的英语听力水平更有帮助。

3

解答完形填空题的小技巧

对虫虫来说，完形填空题就像一座大山，压得他喘不过气来。在张小喵的帮助下，他渐渐找到了答题技巧，摆脱了完形填空题的折磨。

今天放学后，张小喵去虫虫家里和他一起写作业。

虫虫的英语作业是做一套完形填空题，文章很简短，但他做得十分吃力，还流下了汗水。这一切都被张小喵看在眼里。

"虫虫，你怎么满头大汗的啊？"张小喵关切地问。

"我最不擅长写完形填空题了，每次都写得很慢，而且还会做错很多。"虫虫愁眉苦脸地说。

"这是为什么呀？难道这些单词你都不认识吗？"张小喵纳闷儿地问。

"大部分都认识啊，只是一做题就蒙 ，就像从来没见过这些单词似的。"虫虫觉得自己脑袋里简直成了一锅糨糊 。

"那就奇怪了！"张小喵很想帮帮他，于是又问，"你平时是怎么做题的呢？"

"怎么做题？当然是拿起笔就开始写啊 。"虫虫回答。

"哈哈，是你把做题的步骤搞错啦！"张小喵恍然大悟地说。

"什么？做完形填空题还有步骤吗 ？"虫虫十分疑惑。

"这是当然的啦！"张小喵告诉他，"做完形填空题要先把整篇文章通读一遍。"

"可是，这样有点儿浪费时间呀 。"虫虫说。

"不会的，这样可以让你初步了解文章大意，帮助你分析 题目。"张小喵接着说，"做每一道题时，你要结合原文好好分析题目中的几个选项（ ），看看哪一个填入原文中更准确。"

"然后呢？如果遇到不会的怎么办？"虫虫问。

"那就先空着呀，等把其他有把握的题目都写完了再来琢磨。"张小喵说。

"哦，原来是这样啊！"虫虫又问，"可是为什么我做题的时候总是不知道选哪个选项呢？"

"那是因为你没有把握好语境，或者对知识点不熟悉，所以总是拿不准。"张小喵说。

"有道理！"虫虫说，"看来我要多读课文、多背知识点了。"

"别着急，慢慢来。你的基础挺好的，只要掌握了做题的技巧，今后做完形填空题就会又快又好。"张小喵鼓励道。

"好的！"虫虫高兴地说。

虫虫按照张小喵教的方法去做完形填空题，起初效果并不明显，但坚持了一个月后，他做完形填空题就越来越轻松，效率和正确率都提高了呢！

一天，张小喵到虫虫家玩儿，虫虫对张小喵说："表姐，谢谢你，我现在完全不怕完形填空题了，我最近做完形填空题经常全对。"

张小喵笑着说："不用谢，谁让你是我的好弟弟呢！以后你在学习上遇到其他问题时都可以问我，这样也有助于我自己总结和改善学习方法，对我自己也有好处。这样，咱俩就可以一起进步！"

学习有方法

解答完形填空题有什么技巧呢?

第一步, 我们要把整篇文章通读一遍, 了解文章的大概内容。

通读了解大意

第二步, 我们要根据文章的语境、上下文的意思等对每道题目进行分析, 采取先易后难的答题顺序。

答题时先易后难

第三步, 遇到不会做的题目时可以根据语境等推断答案, 或者查找资料后选择答案。

解决难题

第四步, 我们做完题目后还要认真检查时态、语法、单复数等细节。

再检查一遍

要点提示

掌握好基础知识

　　小学阶段的完形填空题难度不大，我们只要熟练掌握基础知识，就能轻松做题。所以，我们平时要多读、多背，把基础知识掌握牢固。

找主题句理解文章大意

　　完形填空题虽然没有标题，但我们可以在文中寻找到主题句，比如文章的开头或者结尾处。找到主题句后，我们就相当于掌握了全文的大意和主旨，这对做题很有帮助。

一套题可以重复做几遍

　　在平时做作业时，我们可以把一套完形填空题重复做几遍，这样可以巩固知识点，加快答题速度，提高正确率。

4

　　虫虫做一道阅读理解题用了十几分钟还没做完。经过张小喵及时点拨👆，他明白了问题出在哪里。

　　这个周末，虫虫去张小喵家写作业。

　　"虫虫，你做阅读理解题的时间🕯有点儿长啊！"张小喵发现，虫虫用了十几分钟还没有做完一道阅读理解题呢。

　　"哎呀，我都把短文读了🎤好几遍了，还是找不准答案。"虫虫挠着头说。

　　"为什么要读好几遍啊？"张小喵纳闷儿地问。

　　"你不是说过，做完形填空题时要先读文章后做题吗？我觉得做阅读理解题也得用这个方法，可是读了半天还没有找到答案呢🔍！"虫虫也觉得挺纳闷儿。

　　"你怎么能把做完形填空题的方法用在做阅读理解题上

呢？"张小喵用手拍了一下自己的脑门儿 ，表示非常无奈。

"那该怎么做阅读理解题呢？"虫虫抬头看着张小喵，可怜巴巴地说 。

"要先看问题，带着问题读短文才更容易 easily 找到答案呀。"张小喵说。

"哦，我明白了。"虫虫便认真地把题目都看了一遍。

他看完题目后，张小喵又提醒道 ："现在你要把短文完整地读一遍，了解短文的大概意思。"

虫虫照做了，把短文读了一遍。

"好了，现在你开始 做题吧。"张小喵告诉他。

张小喵的方法真管用，虫虫刚读了一行就找到第一道题目的答案了。做第二道题目时，虫虫又重新 开始读短文。

"你怎么又重新开始读呢？"张小喵问他。

"难道不是这么读的吗？"虫虫说。

"不是啦 ！第一题的答案就在前两行，那你做第二道题时接着往下读就行。"张小喵着急地说。

"原来是这样啊！"虫虫可算是明白了。

"你做阅读理解题时不用那么较真儿，只要抓住重

点 ，浏览式地阅读就行啦！"张小喵告诉他。

"浏览式地阅读？那万一错过了关键信息呢？"虫虫不可

思议地说。

"那你还可以再次快速浏览 ，找到这个信息啊！

快速读三遍可比认真读一遍的时间短多了。"张小喵说。

"哦，我懂了 ！"虫虫终于掌握了做阅读理解题

的好方法，以后再也不用担心答题速度慢 了。

学习有方法

我们想做好阅读理解题，就要用好以下三招。

第一招，先把问题看一遍，然后带着问题读文章，能快速找到答案。

先看题后看文

圈出关键词

第二招，每道题目都有关键词，如果我们分析题目时找出动词、名词等关键词，就能迅速在文中找到答案。

第三招，一般来说，阅读理解的题目都是按顺序出的，我们按先后顺序找答案，做题效率会更高。不过，有的题目也会例外，如打乱顺序出题，或者倒序出题，等等，我们要具体问题具体对待。

按先后顺序找答案

要点提示

忌"猜测式"答题

做阅读理解题最忌讳"猜测式"答题。比如，有的同学在做读短文判断正误的题目时，总是根据自己对文章的大致印象做判断，而不是带着问题回文章中找答案，这种答题方法很容易出错。

不可以完全根据常识选答案

做阅读理解题不可以完全根据常识选答案。比如，有的题目问"面包是用什么做的"，有的同学直接根据常识选择"面粉"，而文章中的答案并非"面粉"。所以，我们做阅读理解题时要以文章为依据，不能仅凭常识做判断。

不同题材的文章用不同的阅读方法

不同题材的文章我们可以使用不同的阅读方法。比如，读生活题材的短文可以用浏览的方法，读说明题材的短文时可以用详读和略读相结合的方法。

5

"三步法"写英语作文

英语老师向大家传授了写英语作文的"三步法"，同学们尝试之后都觉得非常好用。

"同学们，是不是觉得写英语作文有点儿难啊？"英语课上，老师问大家。

"当然啦！我连语文作文都写不好呢，更别提英语作文了！"这时，一个男孩大声说。

"这位同学还真是说出了大家的心声呢！"英语老师说，"不过没关系，我今天就告诉大家一个方法，让你们不用再为写作文而发愁了。"

"是吗？这是真的吗？"同学们都兴奋极了。

"我教给大家的方法叫作'三步法'。"英语老师说，"一是提炼要点。审完题目后，我们要把关键词和写作要点列在草稿纸上，然后想一想每个要点应该分配多少篇幅，用到哪些单词、词组等。"

"那第二步呢？"同学们问。

"二 2 是把自己想到的这些要点、单词、词组等组合起来，写成一篇草稿。"英语老师回答。

"三 3 是修改草稿。"虫虫抢先说道。

"太对了！就是这样！"英语老师笑着说。

"可是，第一步我就走不动呀！"那个男孩哭丧着脸说。

"万事开头难嘛，但是只要迈出这一步，我们就能轻轻松松地写出一篇作文了。"英语老师说，"现在我们来练习一下，打开书的第四十五页，把这个小故事改写成一篇作文。"

同学们按照老师教的"三步法"去做，大部分同学的进展都很顺利，只有几个同学卡壳了。

"你能把这个故事复述一遍吗？"英语老师问其中一个男孩。

"两只熊找不到眼镜了，它们就在屋子里找，但它们找到的是对方的眼镜，戴起来不合适，然后它们把眼镜换了过来，总算能看清东西了。"男孩讲述道。

"不错，你知道这个故事有几个要点吗？"英语老师问。

"第一个是它俩的眼镜都找不到了，第二个是它们在冰箱上　、桌子上　和床上　等不同的地方找眼镜，第三个是它们找到的眼镜戴着不合适，第四个是它们交换了眼镜。"男孩认真地思考着说。

"非常好。你现在把需要的单词、词组列出来　，然后分配每个要点的篇幅。"英语老师笑着说。

男孩根据老师的指点快速地写出了一篇英语作文。

"老师，我写完了，您的方法可真管用啊　！"男孩高兴地说。

"你继续使用这种方法，写作文的速度就会加快　很多。"老师笑着说。

同学们觉得这个方法特别好，都纷纷说："老师的方法太有效了　。"

我们只要熟练掌握"三步法"，就能写出一篇不错的英语作文。那么，我们该如何使用"三步法"写作文呢？

第一步：先提炼出文章的各个要点，并分配好每个要点的篇幅。

提炼要点

第二步：有了第一步的准备后，我们就要用单词、词组等将各个要点串起来，让它们成为一篇作文草稿。

结合材料写草稿

第三步：我们要好好修改草稿，不要写错单词、用错动词时态等。此外，我们还要对作文进行润色，这样能给作文增色不少。

修改草稿

写英语作文需要不断积累、练习。我们平时要多背单词和词组，增加词汇量，这样才能写出让人眼前一亮的作文。

仿写范文

我们可以尝试仿写范文。每个作文题目都会有一些范文，我们可以选择一两篇进行仿写，而且要重点模仿范文的词汇、句式和表达方式，多练习自己不常用、不熟悉的短语、句式等，争取以后写作文时能信手拈来。

每学一篇课文就写一篇练笔短文

我们每学完一篇英语课文就可以写一篇练笔短文，写时尽量用到课文中的词汇、句式等，这样既能复习课文，也能提升我们的写作水平。

我们练习英语作文时应该多选择与生活相关的题材，比如介绍家人、讲述家庭聚会等。我们对这些题材比较熟悉，写起来上手较快，有利于提高自信心。

学霸 高效学习法

陈方俊 著

10倍速

记忆法

古吴轩出版社

图书在版编目（CIP）数据

学霸高效学习法. 10倍速记忆法 / 陈方俊著. -- 苏州 : 古吴轩出版社，2022.8
ISBN 978-7-5546-1914-8

Ⅰ.①学… Ⅱ.①陈… Ⅲ.①小学生－学习方法 Ⅳ.①G622.46

中国版本图书馆CIP数据核字（2022）第034446号

责任编辑：顾　熙
见习编辑：张　君
策　　划：马剑涛　汲鑫欣
版式设计：崔　旭

书　　名：**学霸高效学习法. 10倍速记忆法**
著　　者：陈方俊
出版发行：古吴轩出版社
　　　　　地址：苏州市八达街118号苏州新闻大厦30F
　　　　　电话：0512-65233679　　　　邮编：215123
印　　刷：唐山市铭诚印刷有限公司
开　　本：880×1230　1/32
印　　张：20
字　　数：336千字
版　　次：2022年8月第1版　第1次印刷
书　　号：ISBN 978-7-5546-1914-8
定　　价：148.00元（全4册）

如有印装质量问题，请与印刷厂联系。022-69236860

目录

本书主要人物介绍

小豆芽：男孩，三年级，聪明伶俐，活泼开朗，但有点儿骄傲，得理不饶人。

虫虫：男孩，四年级，性格憨厚，乐于助人，十分有耐心。学习认真刻苦，但缺少好方法，效率低。

闹闹：男孩，三年级，调皮捣蛋，粗心马虎，爱耍小聪明，但胆子大，敢于尝试，勇于承认错误。

张小喵：女孩，五年级，思维活跃，办法很多，但性格急躁，爱抱怨，爱生气。

第一章

趣味横生的联想
记忆法

把课本知识编进故事里

闹闹是个背诗"困难户"，但在学会小豆芽教给他的一种好方法后，他不到十分钟就能把一首诗背下来！这种神奇的方法就是"故事记忆法"。

"唐代诗僧贾岛，唐代诗僧贾岛……"课间，闹闹双手堵着耳朵，双眼紧闭，正在背诵古诗。他沉浸在自己的世界里，完全不知道坐在他后面的小豆芽听得耳朵都快起茧子了。

小豆芽拍了拍闹闹的肩膀，说道："你背诗就像念经，吵得我头疼。"

闹闹委屈地看着小豆芽："我也不想念经啊，可是不多念几遍根本记不住。"

"不就是背古诗嘛，我教你一种好方法！"小豆芽说着，递给闹闹一本本子。闹闹接过本子一看，封面上写着"豆芽的古诗故事集"。他被这个名字吸引了，赶紧打开翻了几页，只见里面全是小豆芽根据古诗词编的故事。小豆芽告诉闹闹，自己最近一直在用编故事的方法背古诗，既好玩儿又好记。

闹闹惊呆了：古诗还能编成故事啊！看着闹闹一脸诧异的样子，小豆芽说："我编给你听，就以《寻隐者不遇》为例。"他眼珠一转，马上就想出了故事的情节。

"在一个满地是糖（唐）的时代，有一位长得像僧人的诗人叫贾岛。他到处寻找隐者，可是这些隐者总是躲着他，他根本遇不到。有一天，他跑到一座叫'此山'的高山上，正在一棵松树下休息，这时一个童子走了过来……"

小豆芽刚讲到这里，闹闹急切地说："让我试试，让我试试！"

闹闹继续编："贾岛就问这个童子：'这山上有隐者吗？'童子说：'我师傅就是隐者，但他去采药了。他一般只在"此山"中采药，这里的云太深了，我根本不知道他的去处。'贾岛听完童子的话，觉得隐者非常神秘，决定下次再来拜访他。"

"哈哈，你真是'孺子可教'啊！"

闹闹想着这个故事，头脑里浮现出非常有趣的画面，不到十分钟就把这首古诗背下来了！他兴奋地说："要是早知道这种方法，我就不用像念经一样背古诗了！"

学习有方法

课本中有些知识比较枯燥，如果我们把它们编进故事里进行记忆，就会变得有趣多了。那么，我们怎样才能把知识融进故事里，变成脑海中的精彩画面呢？

可以根据自己的喜好设置一个有趣的情节，然后把知识融入情节中。 **设置有趣的情节**

保持连贯性 越连贯的情节越容易记忆，这会让我们更容易记住知识点。

为了加深记忆，我们可以把故事情节设置得更滑稽一些、夸张一些。 **强化故事情节**

加入精彩的细节 把知识编进故事时还要有精彩的细节，这样能突出故事的特点，加深我们对故事的印象。

要点提示

把知识编进自己喜欢的故事里

比如编进神话故事、童话故事或者动画片里，有了自己喜欢的故事情节，我们自然能够轻松、快速地编出一个故事。

利用身边的人和事来编故事

我们对身边的人和事比较熟悉，编起故事来也会得心应手，记忆起来也更轻松。

和同学们比赛编故事，看谁编得快、编得有趣

在比赛的激励下，我们不仅能加快编故事的速度，还能锻炼想象力呢！

2

用"过电影法"牢记课堂知识

课间，虫虫在和同学们说笑，有个女孩却在闭着眼睛😊😊"看电影"。原来，她是在使用"过电影法"记忆老师在课堂上讲述的知识。

吃完午饭后，同学们都在谈天说地、放松身心🍦。虫虫正在和其他同学说笑，突然看见坐在他们旁边的一个女孩正在闭目养神，就小声对大家说："嘘🤫，咱们小点儿声，她正在睡觉🛏呢！"

"谁在睡觉？我才没有呢！"听了他的话，那个女孩突然睁开眼睛，笑着说。

"哈哈，我以为你睡着了呢！"虫虫笑道。

"我刚才闭着眼睛'看电影'🎬呢！"那个女孩说。

"看电影？哪儿有电影❓？"同学们都被她说糊涂了。

"嘿嘿，电影在我的脑子里，你们是看不见的。"那个女孩得意极了。

"那你快告诉我们，你的脑子里放什么电影呢？"虫虫好奇地问。

"这部电影就是咱们上语文课的整个过程呀。"那个女孩说。

"原来你是在回想语文课的内容呀！我知道，这种记忆方法叫作'过电影法'。"这时，虫虫旁边的一个男孩说。

"你说得太对了！"女孩对那个男孩竖起了大拇指。

"什么是'过电影法'？你们俩快给我们讲讲吧！"虫虫催促他们说。

"其实很简单，就是像放电影一样回想一遍咱们上课的过程。"那个女孩认真地讲解着，"就拿今天的语文课来说吧，语文老师走上讲台后，告诉我们今天要学习《盘古开天地》这篇课文，接着把学习目标写在了黑板上，然后又带着我们读课文、分析课文，还让我们回答问题，引导我们认真思考。"

"对，我们不仅要回想老师讲述的内容，还要回想同学们发言的内容，回想自己哪里没有听懂，课堂上发生了什么趣事，等等。"那个男孩补充说，"我们回忆这些画面的时候，是不是就像看了一部电影 一样？"

"真的，就像看电影一样好玩儿。"虫虫闭上眼睛，根据他们的指引 回想起了语文课上的情况。其他几个同学也纷纷尝试这种记忆方法。

"不过，有的地方我想不起来了。"这时，有个同学说。

"没关系，你可以打开课本 或者笔记本看一看，把自己忘记的地方补上。"那个女孩告诉他。

"这个方法可真好用！"同学们都很喜欢 "过电影法"这个记忆方法呢！

　　"过电影法"可以帮助我们复习课堂内容、巩固当天所学的知识，还能及时检验我们的听课效果，便于我们查漏补缺。那么，"过电影法"该怎么应用呢？

　　"过电影"时，我们要认真回想老师讲课的每一个环节，回想老师讲述的每一个重点和方法。●

回想讲课细节

　　●"过电影"时，我们要认真回想同学们在课堂上的发言，把大家的想法和老师讲述的内容结合起来。

回想发言

　　"过电影"时，我们还要认真回想自己的听课状态，检验自己是否听懂了老师讲述的知识点。●

回想学习状态

利用碎片时间使用"过电影法"

　　"过电影法"使用起来不受时间和地点的限制，我们可以在课间或坐车时用"过电影法"回忆、复习课堂所学的知识。

"电影"中断时要及时看课本和笔记本

　　在"过电影"的过程中，如果我们出现思路中断的情况，就要及时打开课本和笔记本，让文字信息帮我们把"电影情节"串联起来。

"过电影"要及时

　　我们要争取在课间、放学途中或睡前对当天学习的知识进行回想和记忆，而且要反复回想，这样才能获得更好的记忆效果。

3

小小顺口溜，记忆大帮手

有个同学总是分不清 "澡、燥、操、躁、噪、藻" 这几个字，张小喵教给他一则顺口溜，他很快就把这些字记住了。张小喵不但知道很多顺口溜，还能通过联想把知识点编成顺口溜呢。这个同学特别佩服她。

"你在看什么呢？" 下课后，大家都出去玩儿了，只有一个男同学坐在书桌前看书，张小喵好奇地问道。

"这几个字我总是分不清楚。" 男同学皱着眉头说。

张小喵看了看 "澡、燥、操、躁、噪、藻" 这几个字，然后笑道："哈哈，我有个好方法，能帮你迅速记住它们。"

"什么好方法？快告诉我吧！" 男同学急切地说。

"嘿嘿，我把它们编成了一个顺口溜，既好玩儿 又好记。"张小喵说。

"真的吗？你还会编顺口溜呢？"男同学惊讶地说。

"当然啦！你听听我编的这个顺口溜。"张小喵念道，
"小红烧水要洗澡，她的皮肤太干燥。她边洗边跳操，就像一棵小海藻，扑通一声摔一跤，发出噪音太吵闹，小红急躁得直跺脚。"

"哈哈哈，太好玩儿了！"男同学听后笑弯了腰。

"这个顺口溜不但好玩儿，还能让我把这几个字的特点都记住呢！"张小喵自豪地告诉他。

男孩把这个顺口溜念了好几遍，边念边思考，拍手笑道："你说得很对，这个顺口溜既好玩儿又好记，只要记住它，我就能把这几个字分清楚了。"

"以后遇到记不住的知识点，你都可以借助顺口溜进行联想记忆。"张小喵说。

"可是，编顺口溜比编故事还难，我怕自己编不好。"男同学说。

"没关系，我们可以参考那些已经编好的顺口溜，比如参考书上的顺口溜，高年级学长、学姐编的顺口溜，等等。"张小喵说，"只要编得顺口，并且能总结出知识的要点

就可以了。"

"那我也模仿你的顺口溜，试着用'澡、燥、操、躁、噪、藻'这几个字编一个吧。"男同学说。

"好呀，自己编的顺口溜会记得更牢呢！"张小喵鼓励他说。

"有了！"男同学想了想说，"今天天气太干燥，小狗下河去洗澡，又抓水藻又跳操，边洗边跳真聒噪，鱼儿烦躁得上下跳。"

"哈哈，你编的顺口溜也不错！"张小喵夸赞道。

"还别说，编完这个顺口溜，我把这几个字记得更清楚了呢！"男同学高兴地说。

学习有方法

　　顺口溜韵律化的语言能够强化我们的记忆效果，可是编顺口溜比编故事还难，需要发挥合理的想象，突出记忆内容的要点。以下是一些比较常用的顺口溜编写方法，赶紧学起来吧！

　　字头就是某个词语、某句话的第一个字，我们把需要记忆的词语或诗句的第一个字拿出来编成顺口溜。

巧用字头

总结归纳

　　就是对需要记忆的内容进行总结归纳，并编成顺口溜。

　　在记忆一些复杂的知识点时，可以对知识点中的要点和特点进行缩写，然后编写成顺口溜。

缩写要点

要点提示

用词要浓缩

　　要把需要记忆的内容进行浓缩，凝练地表达出来，这样编写出的顺口溜更简短、好记。

内容要有节奏、押韵

　　使用的词语要连贯、有节奏，而且每一句的尾音要尽量押韵，这样才朗朗上口、便于记忆。

要准确表达需要记忆的内容的意思

　　使用的词语、表达的语言要与需要记忆的内容或知识点相关，而且意思要准确、容易理解，否则会影响我们对知识点的记忆。

4

巧用联想，记忆相似知识点更容易

闹闹怎么也记不住各个长度单位，小豆芽教给他一种方法，让他根据这些长度单位之间的关系进行记忆。闹闹试了试，还真的有效呢！

"厘米 cm、分米 dm、米 m……怎么有这么多长度单位啊！"闹闹生气地抱怨道。

"你在背诵什么？"小豆芽看了看闹闹的书，笑道，"原来是长度单位呀！虽然它们看起来很像，似乎不好分清楚，但只要你联想到它们之间的关系，背诵起来就容易多了。"

"联想它们的关系？它们不就是大小关系吗？"闹闹不解地说。

"我的意思是，你可以把这些长度单位都写出来，然后按照从大到小的顺序排列好○○。，再写清楚它们的换算关系，这样就能记住所有的长度单位了！"小豆芽耐心地讲解道。

"这样管用吗？"闹闹有点儿怀疑。

"你试一试嘛，万一有效呢！"小豆芽劝道。

"那好吧。"闹闹便拿出练习本，按照小豆芽教的方法写：1千米=1000米，1米=10分米，1分米=10厘米，1厘米=10毫米。

"从米到分米，从分米到厘米，从厘米再到毫米，它们之间都是十倍10的关系；只有千米比较特殊，和米是一千倍的关系。"小豆芽说，"只要你记住它们之间的关系，就可以轻松背下所有的长度单位了，以后做长度单位换算题就会非常容易。"

"哇，这样的确清楚多了，我一次就能记住五个长度单位。"闹闹欣喜不已，这比他干巴巴地背诵几分钟的效果好多了。

"除了利用相互之间的关系来记忆知识点之外，我们还可以通过知识点之间的相似之处来记忆。"小豆芽认真地说，"比如记忆形近字时，为了不记混，我们可以把

它们都列出来 ▤ ，然后一组一组地记忆，这样会记得又快又牢。"

"比如'河、何、荷、呵、诃、珂'等字，为了不记错，我就把它们都列出来，然后一起记忆，是这样吗？"闹闹问道。

"对，就是这个意思。你还挺聪明的嘛 👍 ！"小豆芽拍手称赞道。

被小豆芽这么一夸，闹闹高兴得合不拢嘴 😁 ，心想："其实我也没有那么笨嘛！"

学习有方法

　　有些知识点很相似，容易混淆，我们在记忆这样的内容时可以使用以下三种联想记忆方法。

　　我们在记某个知识点时，可以通过联想与它在时间或者空间上比较接近的知识点进行记忆。简而言之，就是把新知识和旧知识联系起来进行记忆。●————————**就近联想记忆**

类似联想记忆　　●我们可以通过找到知识点之间的相似点来强化记忆。比如，宁静、安静、肃静、寂静等词语，它们都有"静"的含义，记忆其中一个词语时，可以联想记忆其他几个词语。

　　我们可以通过联想各个知识点之间的关系进行记忆，比如从属关系、大小关系、因果关系、并列关系等。●————————
关系联想记忆

了解相似知识点之间的区别

利用知识点的相似之处进行记忆时，我们能一次性想起很多相关的知识点，但要想把这些知识点记得更清楚、牢固，我们还要了解这些知识点之间的细微区别，把它们区分开。

分组记忆

利用知识点的相似之处进行记忆时，我们最好把知识点进行分组记忆。比如，带有"青"字的汉字，我们学过的有"清、情、晴、请、睛、箐、菁、精、靖、蜻"等，为了强化记忆，我们可以把它们放在一起读和写，这样可以学得快、记得牢。

5

妙用对比联想法记知识

语文老师布置了背诵对联的作业，可虫虫总是记不住这些对联。同桌告诉他一种好方法，让他豁然开朗。他们到底用了什么好方法呢？

"语文老师布置背诵的对联你背熟了吗？"虫虫问同桌。

"差不多吧，只有一副还不太熟练。你呢？"同桌问。

"昨天我背了二十多分钟，只记住了'水近楼台楼近水，山环树木树环山'这一句。"虫虫苦恼地说，"你是怎么记住这些对联的？快教教我吧！"

"其实很简单。"同桌对虫虫说，"你发现了吗？这些对联上下两句的词语要么意思相反，要么意思相似，都是相互对应的。"

虫虫认真看了看这些对联，惊讶地发现这些对联还真像同桌说的一样，上下两句的词语都是一对儿一对儿的。他高兴地说："哦，我知道了！比如'千年老树 为衣架，万里长江 作浴盆'这一句吧，'千年'对'万里'，'老树'对'长江'，'衣架' 对'浴盆' 。"

"你说得很对，就是这样！"同桌接着说，"所以在背诵这些对联时，你要注意上下 联每个词语的对比关系，并学会联想，这样只要记住上联，就能对出下联。这样背诵起来是不是简单多了？"

"可不是嘛，这样我只要记住上联或者下联就可以了！"虫虫 高兴极了，顿时觉得轻松了许多。

"除了对联，我们背诵其他知识点也可以用对比联想法。"同桌说，"比如，我们可以找到知识点不同 的地方，区别记忆它们。"

"我没有用过这种记忆方法，你能给我举个例子吗？"虫虫说。

"比如，我们在科学课上了解过各种各样的石头 ，这些石头名称不同，成因不同，特点也不同。我们可以通过列表格 的方式，把它们的不同点一一列出来，然后对比着进行记忆，这样就不容易记混了。"同桌认真地说。

"哦，我明白了。这样对比着记忆，可以一下子记住好几个 （1234）知识点！"虫虫高兴地说。

"对，就是这样。"同桌笑道。

"太好了GOOD，以后我就用这种方法来背诵知识点了。"虫虫找到了一个帮助记忆的好方法。

我们在背诵知识点时，可以利用对比联想法。那么，对比联想法具体怎么使用呢？

在记忆某个知识点时，我们可以联想到与它意义相反的知识点，把它们放在一起记忆，记忆效果会更好。比如，black（黑）与 white（白）等。 **反义词联想记忆**

差别联想记忆 在记忆某个知识点时，我们可以联想记忆与它有差别的知识点。比如，记忆长方形的概念、周长计算公式时，我们可以将其与正方形的概念、周长计算公式进行差别联想，对比记忆。

很多诗歌、对联的上下两句存在对仗关系，我们可以利用联想词语的对仗关系来提高记忆效率。 **对仗联想记忆**

要点提示

找准对比、参照的知识点

利用对比联想法记忆知识点时，我们要找到恰当的对比、参照的知识点。对比、参照的知识点找得准，我们就能迅速联想到相关的知识点，避免出现记忆中断的现象。比如，背诵小数除法的知识点时，我们需要对比小数乘法的知识点，而不是其他无关的知识点。

不断积累知识

我们利用对比联想法记忆知识点时要注意知识的积累。我们学的知识越多，就越能快速为新知识找到对比、参照的对象，这样记忆效果也会更好。

第二章

记忆高手们都在用的
记忆规律

分过类的知识最易记

快要期末考试了，虫虫还有很多知识点 没背下来呢。坐在他后面的女孩教给他一种高效的记忆方法，他在很短的时间内就提高了 背诵效率。这种方法就是分类记忆法。

很快就要期末考试了 ，大家都在忙着复习各科的知识点。虫虫的背诵效率有点儿低，复习进度和其他同学差了一大截 。

"为什么我复习得这么慢 呀？再这样下去，考试之前我肯定复习不完。"虫虫哭丧着脸说。

"我也在纳闷儿呢，你不是和我一起开始复习的吗？我都快复习完了，你怎么才复习了一半儿呢？"坐在他后面的女孩不解地说。

"我对这次考试很没信心！"虫虫担忧地说。

"别说这些丧气话了！快告诉我，你是怎么复习的？"女孩很想帮助虫虫加快复习速度。

"就是一个单元接一个单元地复习，一个知识点接一个知识点地背诵呀。"虫虫说。

"你这样复习效率有点儿低，要不要试试我的方法？"女孩笑着说。

"你的方法难道和我的不一样吗？"虫虫觉得很奇怪，因为很多同学都是按照先后顺序复习各科知识的。

"当然不一样啦！"女孩说，"我是用分类记忆法复习知识点的。"

"分类记忆法？"虫虫好奇地问，"你是怎么分类的？"

"很简单。就拿数学来说吧，我把所有需要复习的知识点分成了三大类：数据类、图形类和计算类。然后我又把每大类分成几个小类，再把细小的知识点划分到各个小类中，每天复习一两类知识点，速度就很快了。"女孩耐心地讲解道。

"可是，这个分类过程听起来有些复杂⟳啊！"虫虫说。

　　"是有点儿复杂☝，但是你给这些知识点分类也是一次复习的过程，这就意味着你比别人多复习了一遍**+1**。"女孩说。

　　"有道理，我要赶紧试一试😊这个方法。"为了尽快复习完各科的知识点，虫虫决定尝试同学教的这个记忆方法。他对还没来得及复习的知识进行分类整理▦，然后每天背诵一两类知识点，效率真的提高了很多。

学习有方法

　　我们要想快速记住所学的知识，就要学会给它们分类，让它们变得更有条理性、系统性。那么，我们该如何给知识分类呢？

　　很多知识点之间都存在内在联系，如因果关系、从属关系等。只要我们找到它们之间的联系，就能把它们划分到某种类别中。

找内在联系

　　当需要背诵的知识点难易程度不同时，我们可以把它们按照由易到难的顺序分类，先背诵简单的，再背诵难度大的。

按难易程度

　　当需要背诵的内容不存在严格的逻辑关系时，我们可以根据自己的喜好、习惯给它们分类，把记忆难度降到最低。

按习惯和喜好

要点提示

分析记忆内容

在分类之前，我们要认真分析需要记忆的知识，找到它们的特征、区别等，并充分理解。这样，分类时就会更轻松，记忆时也会更迅速。

找准分类依据

对不同的记忆内容我们要采用不同的分类依据，这样记忆起来才会更轻松。比如，数学知识按照知识的内在联系分类，生字按照字形、字义分类，等等。

类别不能太多

无论知识多么杂乱，我们一次最多只能分七个类别，超过这个数量，我们背诵起来就会比较吃力，反而影响记忆效率。

2

学过的知识要反复回忆

闹闹今天很不开心，因为他明明已经将一首古诗背诵下来了，但在课堂上怎么也想不起来。小豆芽告诉他，这都是他没有反复回忆导致的。闹闹可不想让这样的事再次发生，他决定按照小豆芽告诉他的方法，好好反复回忆自己学过的知识。

"闹闹，你来背诵《望洞庭》这首诗。"语文课上，老师抽查大家的背诵情况。

"湖光秋月两相和，潭面……无风……镜……"闹闹突然想不起来了，他急得满头大汗。

"你还没背会吗？"语文老师问他。

"我明明已经背下来了，可是现在又忘了。"闹闹红着脸说。

"那就说明你背诵得不够熟练，课后要继续努力啊！"语文老师说。

"我知道了，老师。"闹闹小声说。

他坐下后，语文老师又让小豆芽站起来背诵一遍。小豆芽流利、准确地背了整首诗，得到老师的表扬。

下课后，闹闹问小豆芽："我昨天明明已经把这首诗背下来了，为什么今天又忘记了呢？"

"嗯，你背下来之后有没有反复回忆呢？"小豆芽问他。

"没有，我背下来后就直接睡觉了，哪有时间反复回忆啊？"闹闹说。

"问题就出在这里啊！"小豆芽告诉他，"不要以为背下来就完事了，如果你不反复回忆，很快就会忘记的。"

"原来'煮熟的鸭子'也会飞走呀！"闹闹无奈地说。

"哈哈，可不是嘛！不过，只要你多'煮'几次，再厉害的'鸭子'也飞不走。"小豆芽笑着说。

"好吧，我今天就把这只'鸭子'多'煮'几次！"闹闹说。

"不过我还要提醒你，在反复回忆这首诗时，你不能一直不停地背诵，而是背诵一两遍后，可以做点儿其他的事儿，然后再背诵一两遍。这样重复几次 ，你会记得更牢。"小豆芽提醒他。

"反复回忆还有这么多讲究啊？"闹闹惊讶地问。

"对呀，记忆知识是很复杂 的过程，我们要多琢磨才行。"小豆芽说。

"我还需要注意什么吗？"闹闹又问。

"你也可以换着方法反复回忆，比如口头 背诵、默读、抄写 、回忆画面等。"小豆芽提醒他说。

"好的，我明白了，今天我一定会把这首诗熟练地背诵下来。"闹闹自信地说。

学习有方法

我们要通过反复回忆强化知识记忆。反复回忆需要注意什么呢?

短期反复回忆时,每次回忆都要有一定的间隔时间。比如,我们需要在一个小时内背诵某个知识点,最好是每背诵一次休息五分钟,这样知识记忆的效果更好。●——

短期反复回忆

——● 长期反复回忆时,不必每天都回忆,而

长期反复回忆 是隔几天回忆一次,不断巩固记忆。

反复回忆知识点时,我们可以根据具体情况选择适合自己的回忆方法,比如口头背诵或在大脑中回忆等。●——

选择适合的方法

要点提示

不能机械背诵

　　用背诵的方法进行反复回忆时，要边背诵边思考，边背诵边理解，争取让每一次背诵的难度都有所下降，从而提高我们的记忆效率。

反复回忆的时长要恰当

　　我们要根据知识点的难易程度选择恰当的反复回忆的间隔时长。如果知识点比较简单，那么反复回忆的间隔时间可以长一些；反之，时间就要短一些。这样才能强化记忆。

反复回忆时要放轻松

　　在反复回忆某个知识点时，我们不用每次都像第一次背诵时那么紧张，可以适当放松心情，以查看、理解和运用的方式进行回忆，如做习题回忆知识点等。

3

思考越深入，记得越牢固

张小喵的同桌总是记不住平行四边形的面积计算公式。在张小喵的引导下，同桌深入思考了这个公式的推导过程，真正理解了这个知识点的含义，很快就把公式背诵下来了。

"如果用S 表示平行四边形的面积，用a 表示平行四边形的底，用h 表示平行四边形的高，那么平行四边形的面积计算公式是……"张小喵的同桌突然忘记了，"是什么呢 S=? ？"

"你是在背诵平行四边形的面积计算公式吗？"张小喵问道。

"嗯，这么简单的公式，可我总是记不住！"同桌生气地说。

"别着急，可能是你还没有理解这个公式是怎么推导出来的。"张小喵告诉她。

"背诵公式需要这么复杂吗？"同桌问。

"当然啦，你思考得越深入，就会记得越牢固！"张小喵说。

"好吧，看来我要好好想一想老师上节课讲的知识了。"同桌打开课本复习功课。

她一直想不明白，明明平行四边形是变形的长方形，为什么它的面积计算方法和长方形的不同呢？张小喵帮她认真分析课本上的内容，回忆老师在课堂上的推导过程，还特意把一张纸剪成平行四边形，再把平行四边形进行分割，拼接成一个长方形。

经过一番观察和思考后，同桌发现：平行四边形虽然是变了形的长方形，但是它的高不是边长，而是对边的垂直距离。

"所以，平行四边形的面积计算方法和长方形的不同。"同桌终于想明白了。

"你现在试着背诵一遍平行四边形的面积计算公式吧。"张小喵说。

"这太简单了，S=ah"同桌得意地说。

"那我再考考你。一个长方形和一个平行四边形 ，它们的两组对边分别相等，谁的面积更大呢？"张小喵问。

"当然是长方形啦！"同桌说。

"为什么 ？"张小喵又问。

"因为在底边相同的情况下，长方形的宽比平行四边形的高要长啊！"同桌答道。

"答对了 ！看来你已经完全记住平行四边形的面积计算方法了！"张小喵说。

"以后再遇到类似的问题，我可要好好思考 ！"同桌又学到了一种记忆方法。

学习有方法

　　有的同学背诵知识点时，会遇到反复背诵了很多遍依然记不住的情况，其实这是对知识点的思考不够深入导致的。那么，我们该怎样利用深入思考来加深记忆、准确背诵呢？

　　我们要了解需要背诵的知识点的大概意思，这样更有助于我们背诵，并记住这个知识点。●————————————　**了解大意**

　　　　　　　　　●　我们要逐步分析，认真思考，把陌生的
认真思考　　　　知识点变成我们熟悉的知识点，这样才能
　　　　　　　　　降低背诵的难度，强化记忆。

　　我们还要把进行过深入思考和理解的知识点运用到实践中，如用这个知识点解答习题，或者解决现实生活中的问题，等等。这样可以加深我们对知识点的认识，巩固记忆。●————————　**运用到实践中**

要点提示

选择合适的记忆内容

深入思考记忆法更适用于记忆系统的、连贯的、有逻辑的内容，其他内容并不适用。比如，背诵没有规律的一串数字，记忆没有关系的字词时，使用这种方法就没有效果。

借助记忆支点

利用深入思考记忆法背诵知识时，我们可以找一些记忆支点来帮忙。记忆支点就是帮助我们记忆的支撑点，能够提醒我们接下来要背诵的内容是什么。比如，背诵一个概念时，我们可以把概念中的重点字词提炼出来当作记忆支点，然后根据记忆支点的提示背诵所有内容。

4

画出来的知识更好记

　　虫虫邻居家的女孩尝试了一种新的记忆方法——画图记忆法 。她发现用这种方法背诵古诗非常快，就把它教给了虫虫。虫虫尝试了一下，也对这种方法赞不绝口呢！

　　今天，虫虫和邻居家的女孩一起背诵古诗。虫虫在小声背诵，女孩却在低着头画画 。

　　"你不好好背诗，在乱画什么呢 ？"虫虫问她。

　　"我才没有乱画呢，我画的就是咱们要背诵的古诗啊！"女孩说。

　　"画古诗？让我看看。"虫虫好奇地凑过来，看到女孩画的图画：天空的右边是一轮红色的落日 ，左边是一弯月亮 ，月亮旁边写着"九月初三"四个字。在太阳和月亮下面，一条小河 在流淌，河水一半是绿色，一半是红色。小河旁边是一片草地 ，一株小草 上挂着一颗像珍珠一样的露水 。

"你画的是《暮江吟》吗？"虫虫问道。

"你猜对了！怎么样，我画得不错吧？"女孩笑道。

"嗯，不错 ，又生动又好玩儿。"虫虫佩服地说。

"这是我在尝试的新记忆方法——画图记忆法 ，用来背诵古诗特别方便。"女孩说。

"可是，对我这种不会画画的人来说，画图记忆的难度有点儿大呀。"虫虫觉得这个方法也有弊端。

"你可以画得简单一点儿！比如《暮江吟》这首诗，我只用两分钟就画好了，而且只要看着这幅图，我就能一字不落地把古诗背诵出来。"女孩说。

"画古诗当然简单了，如果是长篇课文呢？字数那么多，你得画多少幅图才够啊？"虫虫说。

"哈哈 haha ，我又不用把每个字、每个词都画上！只要找出几个关键词，把这几个词转换成图画，然后根据课文中文字的顺序把这些图画用语言联结起来，任务就算完成了。"女孩解释说。

"哦，这样倒是挺方便的，我也要试试这种方法！"虫虫马上拿出练习本，开始练习画《题西林壁》和《雪梅》。他只用几分钟就把这两首诗画得十分生动有趣。

"快看看我的画，怎么样？"虫虫问女孩。

"嗯，不错。那你会背诵这两首诗了吗？"女孩说。

"当然啦！我一边画画一边理解古诗的意思，不一会儿就把古诗记住了。"虫虫高兴地说。

把需要背诵的内容画成生动的图画可以提高我们的记忆效率。那么，画图记忆法具体要怎么操作呢？

理解大意

理解需要背诵的内容的大意，这样脑中才会产生画面，我们就能知道从哪里画起。

提取关键词

提取需要背诵的内容中的关键词。我们利用这些关键词可以把所有需要背诵的内容串联起来。

把关键词画成图画

把关键词画成图画，用更直观、有趣、生动的方式把需要背诵的内容表达出来。

联结起图画

把画好的图画联结起来，使图画更加完整、系统，便于记忆。联结图画的方式有因果联结、故事情节联结、顺序联结等。

突出重点

我们使用画图记忆法时要尽量突出重点，把重要的图画内容放大，或者涂上适当的颜色，等等。这样可以让我们产生视觉冲击，从而增强记忆效果。

图画要简单

使用画图记忆法时，我们不用过于追求画面的美感。因为我们画图是为了记忆，所以图画只要简单易懂即可，必要的时候还可以用符号代替。

同样的内容要用同样的图画或符号表示

同样的内容要用同样的图画或符号表示，否则会让我们产生错觉，记错背诵的内容。

5

分解记忆效果好

今天的背诵作业特别多 ，张小喵和一个女同学尝试用分解背诵法来背诵。只过了一会儿，张小喵和这个女同学就把要背诵的内容记熟了 ，而和她们一起背诵的一个男同学还有好多内容没记住。这到底是怎么回事呢？

"今天的背诵作业可真多呀！"一个女同学趴在书桌上说 。

"对呀，这么多背诵作业，我什么时候才能背会啊？"一个男孩也说 。

"我们还是好好想想 怎么能够快点儿把这些知识点背下来吧。"这时，张小喵提醒他俩说。

"有什么好办法吗？"女同学双手托腮皱着眉 说。

"咱们可以分解背诵啊！"张小喵建议道。

"你是说把需要背诵的内容分成一小块儿一小块儿的，然后再背诵吗？"女同学问道。

"对，就是这样👆！"张小喵说。

"那好，我们现在就开始试试这个背诵方法吧。"女同学提议道。

于是，张小喵和这个女同学根据自己的喜好对今天需要背诵的内容进行分解。可是，那个男同学觉得这种记忆方法不是什么高招，依然用自己的方法背诵。

女同学的分解方法是：分科背诵，并把每科需要背诵的内容分解成一小块儿一小块儿的，背诵完一个科目的内容后，稍微休息一会儿，然后背诵其他科目的内容。

张小喵的分解方法是：先把各科的逻辑性较强的大块儿内容挑选出来，一一分解背诵，等这些内容都记住后，再分别记忆其他较为零散的内容。

男同学则是把所有的背诵内容放在一起，不论轻重缓急，从前往后、按部就班地背诵。

只过了一会儿，张小喵和女同学就完成了背诵作业，而那个男同学还在努力地背诵着。

"你们怎么这么快呀？"男同学着急地问。

"因为我们把背诵内容进行分解记忆了呀！"张小喵说。

"早知道我就试试你们的记忆方法了 😔 。"男同学后悔地说。

"没关系，你现在用我们的方法也不迟啊！"女同学建议道。

我们把大任务分解成小任务后，做事的效率会更高。同理，把大量的知识分解成小块儿知识后，我们的记忆速度也会更快。那么，我们如何对大量的内容进行分解记忆呢？

对没有内在关系的背诵内容，我们可以根据背诵量进行分解，分解后的小块儿内容既不能太多，也不能太少。 **按背诵量分解**

保证内容的完整性 分解背诵内容时，我们要保证每小块儿内容的完整性。比如，背诵一篇课文时，我们分解后的内容应该是完整的几句话。

我们分解背诵时要充分考虑内容之间的关系，让各小块儿内容之间紧密联系，这对记住全部背诵内容非常有效。 **按内在联系分解**

要点提示

记忆顺序可以调整

分解后的内容之间如果联系不紧密，我们可以不按先后顺序记忆，而是根据分解内容的重要程度有选择性地记忆。

保持记忆的连贯性

对于完整的、有紧密联系的背诵内容，我们完成分解记忆之后，还要把内容再整合起来记忆，从而保持记忆的连贯性。

设置时间限制

为了提高记忆效率，我们每记忆一个分解任务时都要设定时间：很短的内容要在五分钟内记下来，长一点儿的内容可以在五分钟至十分钟内记下来。

第三章

有了小助手，
过目不忘不是梦

随身小卡片用处大

　　张小喵和朋友等公交车的时候，朋友会时不时地低头看一会儿手里拿的小卡片，这让张小喵非常好奇。原来，朋友为了能随时背诵一些知识点，就把知识点写在了小卡片上，有空时便拿出小卡片背诵，方便极了。

　　张小喵和朋友相约去游乐场玩儿，在等公交车的时候，朋友从上衣口袋里拿出了几张小卡片，低头认真看着。

　　"咦，这是什么？"张小喵好奇地凑过来看。

　　"是我自己做的知识卡片，走到哪儿就带到哪儿，可方便了！"朋友说。

　　张小喵仔细看了看卡片上的内容，只见上面写着："字母中间的乘号可以写成'·'，也可以省略不写。例如，a · b=b · a，或者ab=ba。"

"哦，你是想利用零碎 时间多背诵一些知识点吧？"张小喵说。

"对呀，你也知道，我的记性 不是很好，所以要更勤奋一点儿。"朋友笑道。

"你使用这个方法多长时间了？"张小喵问。

"大概两个星期吧，现在效果还不太明显。"朋友噘着嘴说 。

"别泄气 ，我觉得你这个方法挺好的，多背诵几次肯定会有收获。"张小喵鼓励道。

"我妈妈也是这么说的。她认为只要我一直坚持 ，掌握的知识就会不断增加。"朋友说。

"咦，你的卡片 上还有名人名言啊？"张小喵看着另一张卡片问。

"是啊，我想多积累 点儿写作素材，省得一写作文大脑里就一片空白。"朋友不好意思地说。

她们正说着话，公交车 来了，朋友就把卡片放进口袋里，和张小喵一起上了车。在座位上坐稳后，朋友又把她心爱的 小卡片拿了出来，开始背诵知识点。

"分我几张卡片吧，我也想多背诵一些知识点。"张小喵小声说。

　　"没问题，你自己选吧。"朋友一共带了十张卡片，她让张小喵随便挑选。张小喵认真看了看，发现朋友的卡片上还有序号①②③呢！

　　"你为什么要给这些卡片标序号啊？"张小喵不解地问。

　　"这样用起来更方便啊！比如，昨天我背到第八张卡片了，今天就可以继续背第九张卡片，省得总是重复背相同几张卡片中的内容。"朋友解释说。

　　"哦，这样很合理。"张小喵把朋友夸奖了一番，挑选了几张卡片背诵知识点。

　　她们背诵着知识点，不一会儿，公交车就到站了。她们赶紧收好卡片下车，兴奋地冲向游乐场。

学习有方法

灵活运用记忆小卡片可以有效帮助我们记忆。那么，我们该如何利用小卡片辅助记忆知识点呢？

卡片的大小要适中，长和宽约7cm即可。此外，卡片的纸张最好质地较硬。

制作卡片

选择内容

卡片上记录的内容非常灵活，可以是英语单词，可以是数学概念和公式，等等，但必须是较难记忆的、零碎的内容，这样才能发挥卡片的功效。

把知识点写在卡片上并不仅仅是一个简单抄写的过程，我们要熟读、理解需要背诵的内容，然后撷其精要，以较为简单的话语把知识点记录在卡片上，这样有助于提高我们记忆的效率。

记录内容

要点提示

书写要准确、认真

我们把知识点写在卡片上时，不用一味追求字写得美观，但要保证字迹清楚，保证内容准确、完整，不可以出现漏字、错字，这样才不会影响我们对知识的记忆。

要长期坚持使用

利用卡片记忆知识短期内效果不明显，但长期坚持下去会让我们在不知不觉中记住很多知识。

给卡片标序号

我们最好给每一张卡片标上序号，还要标注每天的记忆位置，这样，下次我们再使用小卡片时就会根据标注继续往下看，而不是重复记忆之前已经看过的卡片。

2

闹闹家的墙壁上贴着各种颜色的便利贴，上面写着各种需要记忆的知识，闹闹可以一边做其他事儿一边背诵这些知识。连小豆芽都对这个记忆方法称赞不已。

这个周末，小豆芽去闹闹家玩儿，惊讶地发现闹闹家的墙壁上贴着五彩缤纷的便利贴。

"闹闹，墙上贴的都是什么呀？"小豆芽问道。

"有我要背诵的知识点，有爸爸要做的工作，还有妈妈会用到的烹饪技巧，好多内容呢。"闹闹说。

"这个记忆方法是你想出来的吗？"小豆芽问。

"嘿嘿，我可没有那么聪明，是我爸爸想出来的。"闹闹说，"我们一家人的记性都不算好，爸爸妈妈有时会忘记处理一些琐碎的工作任务，有时也会忘记做一些生活杂事，而我常常记不住要背诵的知识点。爸爸就提议在房间里贴记录各种内容的便利贴，这样走到哪儿都能看见自己需要完成的事儿。"

"你们可真是有趣的一家人！"小豆芽笑道。

"你知道吗？这个方法还真管用。"闹闹说，"昨天英语老师布置了背诵单词的作业，我就把这些单词抄在便利贴上，把便利贴贴在我的书桌前、床头、过道的墙壁上、冰箱上、卫生间里，走到哪里就背到哪里。你猜，我背下这些单词用了多长时间？"

"不会是十分钟吧？"小豆芽说。

"没有这么快，大概一两个小时吧。"闹闹说。

"这个速度可不算快！"小豆芽捂嘴笑着说。

"可是，在这一两个小时里，我还看了电视和课外书，玩儿了游戏呢！"闹闹补充道。

"也就是说，你是一边做其他事情一边背诵英语单词的。"小豆芽说。

"对呀，而且我背诵这些单词时很轻松。"闹闹说。

"照这样看来，这种记忆方法还真有效啊！"小豆芽点着头说。

"墙上这些内容我已经背下来了，明天我要换新的内容了。"闹闹笑道。

"那你每次更换内容后给自己规定背诵时间吗？"小豆芽问道。

"当然规定啊！简单的内容是一天，复杂的内容是两到三天，不着急的积累性内容是三到五天，每完成一个任务就换新的任务。"闹闹说。

"嗯，不错不错，我也要用这个记忆方法，把自己的房间变成一个知识大宝库！"小豆芽笑道。

学习有方法

我们可以把房间打造成一个记忆大宝库，让它帮助我们记忆更多内容。那么，我们该如何借助房间来记忆各种内容呢？

准备各种颜色的便利贴，每种颜色的便利贴上抄写一类需要记忆的内容。

准备便利贴

贴便利贴

选择恰当的位置贴便利贴。比如，门口应该贴上需要做的事情，卧室的床头可以贴上要背诵的英语单词，急需背诵的内容可以出现在多个地方。

有选择地背诵便利贴上的内容。对于重要的知识点，我们要经常看，争取快速背诵下来；对于不急需背诵的内容，我们可以随意看、重复看。

察看便利贴

要点提示

除了恰当地利用房间帮助记忆之外，我们还要正确使用便利贴。

便利贴上的内容要简短

便利贴上的内容要简短，内容越简短越容易记忆。此外，我们把知识点抄写在便利贴上时，要注意字不能太小，否则需要靠得很近才能看见，这会影响我们做其他事的效率。

便利贴上的内容需要经常更换

我们每次贴那些写有新的背诵内容的便利贴时，要给自己规定背诵这些内容的时间，如一天、两天、一个星期等，而且要督促自己在规定时间内完成背诵，然后更换新的背诵内容。

3

玩儿玩儿健脑益智游戏

虫虫的朋友说，玩儿游戏也能提高记忆力，这是真的吗？虫虫觉得不可思议，就和他玩儿了一局"你听我说"的游戏。

"虫虫，玩儿游戏也能提高记忆力呢！"朋友说道。

"真的吗？"虫虫睁大眼睛看着朋友，吃惊地问。

"对呀，我妈妈就经常和我玩儿这种游戏。"朋友说。

"怪不得你的记性那么好呢！"虫虫迫不及待地说，"赶紧教我玩儿吧。"

"咱们先玩儿'你听我说'的游戏吧。我一共说两句话，你要把这两句话中不同的地方找出来。"朋友先讲游戏规则。"第一句：树林里的动物和植物充分

享受着阳光 和雨露的滋养，健康快乐地成长。"朋友停顿了一会儿，接着说，"第二句：森林里的植物 和动物 充分享受着雨露和阳光的滋养，健康自由地成长。想一想 ，这两句话有什么不同 ？"

虫虫磕磕巴巴地说："树林和森林 不一样，阳光 和雨露 ，好像也不一样……"

"哈哈，你没有记住，我再说一遍吧，这次可要认真听！"朋友放慢速度把刚才的两句话重新说了一遍。

"哦，树林和森林不一样，动物 和植物 的顺序不一样，健康快乐和健康自由不一样。"虫虫高兴地说。

"嗯，不错，不过你遗漏 了一点。"朋友说，并把那两句话又重复了一遍。

"我知道了，阳光和雨露的顺序不一样！"虫虫说。

"你答对了 ！这个游戏好玩儿吧？"朋友问道。

"的确很好玩儿！"虫虫说，"还有其他游戏吗？"

"有，比如'还原游戏''连连看游戏'等。"朋友说。

"太好了，以后我们每天都玩儿几个这样的游戏吧，也能提高我的记忆力 ！"虫虫高兴地说。

学习有方法

有些益智游戏能帮助我们提高记忆力呢!

就是在多张图片中找出相同的几组图片，这既能考验我们的记忆力，还能锻炼我们的眼力。　**连连看游戏**

找不同游戏　就是通过听、看等方式寻找相似画面或语言表述中的不同之处，来训练我们的记忆力和专注力。

就是我们要在限定的时间内记住几张扑克牌的数字、花色和排列顺序，然后把扑克牌反扣过来，再依次说出以上内容。　**记扑克牌游戏**

还原游戏　就是在限定的时间内观察一幅画、看一段文字等，然后把看到的内容在白纸上还原 (就是画出来或写出来)，还原得越多，证明记得越好。

要点提示

态度认真

　　我们玩儿健脑益智游戏时，只有认真看、认真听，才能在短时间内记住更多有效信息，把游戏玩儿得更好。

限定时间

　　我们玩儿健脑益智游戏时，要合理限定时间。记忆时间太长，起不到锻炼记忆力的作用；记忆时间太短，又会给我们带来压力，无法体会游戏的乐趣。比如，我们玩儿记扑克牌的游戏时，记牌的时间要根据扑克牌的数量来定，如果扑克牌少于五张，记忆时间应该在十秒左右。

每天坚持

　　我们每天坚持玩儿几分钟健脑益智游戏，记忆力会更好。

4

兴趣让大脑更有活力

张小喵的同桌不喜欢背诵古诗，张小喵让她试着把古诗和自己感兴趣的事联系起来。同桌试了试，还真就对这些古诗产生了兴趣，并把它们都背下来了！

"又要背诵古诗了！"教室里，张小喵的同桌看着语文书说。

"赶快背吧，别磨蹭了。"张小喵对她说。

"可是我不喜欢背古诗呀！"同桌噘着嘴说。

"我不管喜欢不喜欢，都能把它们背下来。"张小喵昂着头得意地说。

"真的吗？你是怎么做到的？"同桌好奇地问。

"哈哈，我把这些诗句和我感兴趣的事儿联系了起来。"张小喵笑道。

"这怎么可能呢？古诗里讲的事儿我们都没有经历过呀！"同桌十分纳闷儿。

"可是很多感受是相同 的啊！"张小喵解释说，"比如'姑苏城外寒山寺'，我虽然没有去过苏州，也没有去过寒山寺，但是我去过其他的寺庙 呀。我可以把自己去其他寺庙旅游时的感受和作者的感受联系起来，情景很相似。"

"哦，好像有些道理。"同桌思考着说。

"还有'夜半钟声到客船' ，半夜的钟声 我是没有听过，但白天的钟声我听过呀，而且真的是在船上听到的呢！"张小喵说，"每次背诵这首古诗时，我就会想到自己去寺庙旅游 时的情景，所以背诵起来就相当轻松了。"

"哦，就是让兴趣帮我们记忆，对吗？"同桌说。

"太对了，就是这样！"张小喵拍手笑道。

"比如《山居秋暝》，我喜欢去山上玩儿，那么，我就可以把这首诗和我去山上 玩儿的情景联系起来。"同桌边想边说，"傍晚，雨停之后，我去山上玩儿，天气很凉爽。月亮出 来了，照得树林里亮堂堂的，山间的小河流

淌着 ，把石头冲刷得非常干净。竹林 中传来声音，不是洗衣服的姑娘归来，而是人们要下山回家了。池塘里的莲叶 在摇动，可能是小船惊动了它们。我在山中随意地玩耍，尽情享受着这里的美景 。"

"这样就很有意思了！"张小喵笑道。

"如果这么想，这首诗也挺有趣的 ！"同桌从这首诗里找到了兴趣，她反复读着诗句，边读边想象着自己在山上玩耍的场景，不一会儿就把古诗记住了。她兴奋地说："怪不得伟大的科学家爱因斯坦说'兴趣 是最好的老师'呢！"

学习有方法

德国思想家歌德说："哪里没有兴趣，哪里就没有记忆。"这句话的意思是，对某件事充满兴趣可以帮助我们增强记忆力。那么，我们该如何利用兴趣来提高自己的记忆力呢？

把记忆内容与自己感兴趣的事儿联系起来。无论多么乏味的内容，只要与我们感兴趣的事儿结合起来，就会变得简单好记。比如，如果对唱歌感兴趣，就可以给需要背诵的课文谱曲，边唱边背，既开心又轻松。

与感兴趣的事儿联系起来

培养兴趣爱好

我们的兴趣爱好越广泛，感兴趣的事物越多，我们记忆内容时就越能想到更多有趣的事情，或者越能对更多记忆内容产生兴趣，从而提高我们的记忆效率。

凯文·霍斯利提出了"PIC记忆法则"：P代表purpose（目标），I代表interest（兴趣），C代表curiosity（好奇心）。在他看来，利用兴趣记忆内容需要做到以下三点。

明确记忆目标

我们要清楚自己要记忆什么内容，需要花多长时间，等等。

找到兴趣点

我们要从记忆内容中找到兴趣点，让自己对其感兴趣。

激发好奇心

我们要用好奇的心态思考需要记忆的内容，从中找出更多有趣的信息，提高我们的记忆效率。

5

小标识也是记忆大帮手

　　虫虫发现表姐张小喵的笔记本上画着各种花花绿绿的小标识，张小喵说这些小标识可厉害了，能帮助她提高记忆效率。虫虫起初不信，可是尝试过后发现这竟然是真的！

　　"表姐，你的笔记本上怎么画得花花绿绿的，还有各种线条和圆圈？"虫虫疑惑地问。

　　"那是我画的小标识，可以帮助我记忆。"张小喵说。

　　"画几条线、几个圆圈就能帮助记忆吗？我不信。"虫虫摇摇头说。

　　"你可别小看这些线条、圆圈，多亏了它们，我的复习效率才提高了呢！"张小喵说。

　　"真的吗？这些小标识有什么'超能力'呢？"虫

虫好奇地问。

"这么说吧，只要跟着它们的指挥 🚦 走，我就知道哪些内容是需要重点记忆的，哪些内容是不需要花费太多时间的。"张小喵翻开笔记本，说，"你看这篇笔记上，只有两行字用红笔做了标识。"

"嗯，是很醒目 ⚠️ ！"虫虫看着笔记本说。

"那你的注意力是不是被这两行字吸引了呢？"张小喵问。

"嗯，的确是。"虫虫回答。

"当注意力集中时 💡，记忆效率就提高了，你可以试一试。"张小喵说。"对了，小标识一定要画在必须记忆的重要内容上。"张小喵又提醒他。

"为什么？"虫虫问道。

"因为这样能凸显记忆内容的重要性。"张小喵回答。

"我明白了。"虫虫说着也拿出自己的笔记本 📒，边看边画小标识 ⬤ ◯，把重要内容和普通内容分开，然后开始背诵笔记。他发现，对于画了小标识的内容，自己果然背得更快 💨 了！

越醒目的东西越容易被记得牢，因此，我们可以给需要重点记忆的内容加一些醒目的小标识，以提高记忆效率。那么，记忆小标识应该怎么画呢？

我们要熟悉记忆内容，了解内容中的重点、关键点等。

熟悉记忆内容

画上小标识

给记忆内容中的重点、关键点画上小标识。小标识可以是横线、曲线、小圆圈等，而且最好用彩色笔画，这样看起来更醒目，有利于提高我们的记忆效率。

我们画了小标识后，要根据小标识的提示对记忆内容进行重复阅读、记忆，直到熟练背诵为止。

加强记忆

要点提示

小标识更适用于听讲或复习

我们用醒目的标识把老师讲的重点或复习的要点等标记出来，更有利于强化记忆。

根据记忆内容的重要程度使用不同的标记符号、颜色

比如，我们可以使用红色笔标记最重要的内容，因为红色比较鲜艳，会吸引我们的注意力，让我们记得更快。

只能给必须背诵的重点内容做标记

这样才能凸显出这些内容的重要性，提高我们的记忆效率。反之，如果标记的内容太多，或者标记的重点不准确，都会影响我们的记忆效率。

第四章

记忆语文知识的
五种好方法

"图像法"记生字

闹闹正为记不住"紧" 字怎么写而发愁呢。小豆芽说，可以用画画 的方法记生字。在小豆芽的帮助下，闹闹真的画出了一个"紧"字，而且很快就把这个生字的写法记住了。

一天，闹闹放学后到小豆芽家里写作业。

"小豆芽，你说我怎么总是记不住 这个'紧'字怎么写呢？明天就要听写生字了，我该怎么办呢？"闹闹盯着课本上的生字说。

"你要好好练习，多写几遍 **+1+1+1** 才行。"小豆芽说。

"我已经写了十几遍了，还是没记住啊！"闹闹抱怨道。

"如果抄写不管用的话，那就画 吧。"小豆芽建议说。

"什么？画字？你不是在开玩笑吧？"闹闹的脸上写满了问号。

"当然能画啦！你不知道吗，咱们的汉字大都是从图画演变而来的。"小豆芽说。

"这个我知道，中国的汉字起源于象形字，最早几乎都是画出来的。"闹闹说。

"对呀，所以我们也可以用画画的方法来记忆生字，这种方法叫作'图像法'。"小豆芽认真地说。

"那'紧' 紧 字该怎么画呢？"闹闹又犯难了，他现在一点儿想法都没有。

小豆芽告诉闹闹："你可以这么画，左边画一个人，右边再画一个人，右边的人用绳子把左边的人绑起来，绳子勒得很紧。"

"哦，对啊，'紧'字的下半部分看起来真的很像绳子呢！"闹闹点点头，非常认同小豆芽的建议。

"不过，为了加深记忆，你可以加入自己的想法，想怎么画就怎么画，只要能帮你记得住、记得准就行。"小豆芽说。

"好的，让我想一想。"闹闹说着便开始思考如何把"紧"字画得更生动、有趣。过了一会儿，他有了一个更好的想法 ：左边画两个小人，一高一矮；右边画一只大手，这只手正伸向这两个小人；下面画一根绕了几圈儿的绳子 ，绳子下面打了结，还余出一小截 。

"哈哈，这样看起来就更像'紧'字了！"闹闹看着自己的画作得意地说。

"嗯，真不错 ，画得很有趣，连'紧'字的结构都展示出来了。"小豆芽看着闹闹的画作连连点头。

"现在我已经记住这个字了，你的方法真管用！"闹闹非常感谢 小豆芽。

学习有方法

汉字有成千上万个，想记住它们可不是一件简单的事。我们可以试试"图像法"。那么，这种方法怎么使用呢？

把汉字和实物联系起来，能让我们更快地记住生字。● **实物记字法**

● 我们记生字时，还可以采用画简笔画的方法。这种方法不但有助于我们理解汉字，还能提升我们的学习兴趣。 **简笔画记字法**

汉字非常奇妙，给一个字加一笔或者减一笔，它很可能会变成另外一个字。我们可以利用汉字的这个特点对汉字进行记忆。如：给"口"字做加法，加一笔变成"日""中"等。● **加减笔画记字法**

"图像法"适用于记忆四类文字

　　"图像法"适用于记忆象形字、指事字、会意字和形声字。这四类文字能让我们联想到这个字本身代表的事物或意思。

　　此外，在用简笔画记字时，要把图画和汉字联系起来，注意图画各部分的摆放位置，让图画和汉字的结构组合相一致，这样更有助于我们记住汉字。

2

"溯源法"记成语

虫虫说他奶奶家有一片"世外桃源" ，这个说法把表姐张小喵给逗笑了。张小喵帮他纠正了错误，还告诉他一个记成语的好方法——"溯源法"。用了这种方法后，虫虫再也不乱用成语了。

这个假期，虫虫去乡下奶奶家玩儿。奶奶家有一大片桃林，每年春天，桃树开了花 ，看上去就像一片花海 ，美极了。

从奶奶家回来后，虫虫就迫不及待地向表姐张小喵分享他的喜悦 。"我奶奶家有一片'世外桃源'！"虫虫高兴地对张小喵说。

"哈哈，你用错 成语了。"张小喵笑道。

"哪里用错了？我奶奶家真的有一片桃园 啊！"

虫虫摸着后脑勺，睁大眼睛说。

"可是，你奶奶家的桃园是真桃园，'世外桃源'却是假桃园。"张小喵告诉他。

"为什么？"虫虫更糊涂了。

"你知道'世外桃源'是什么意思吗？"张小喵问道。

"就是在城市的外面有一片桃园啊！"虫虫想都没想就脱口而出。

"哈哈，不对！"张小喵笑得直拍桌子。

"那你快说，'世外桃源'是什么意思呢？"虫虫红着脸难为情地说。

"'世外桃源'说的是一个与世隔绝的美好地方。"张小喵告诉他。

"原来是这样啊！我以为就是一个种满桃树的地方呢。"虫虫说。

"我们如果不了解成语背后的故事，的确很容易记错它们。"张小喵安慰他说。

"每个成语的背后都有故事吗？"虫虫好奇地问。

"差不多吧。如果你能了解陶渊明写的《桃花源记》，就能记住这个成语了。"张小喵说。

"就像'精卫填海' 这个成语，我知道它出自一个神话故事，是一只叫精卫的鸟衔着石头 去填海，所以就不会记错了。"虫虫说。

"对 ，就是这样！"张小喵说。

"这次我可长记性了，以后不能 NO 再乱用成语了。"虫虫小声自语道。

"你平时可以多看看成语故事书，只要记住故事，也就能记住成语了。"张小喵建议道。

"好呀，谢谢你的提醒 。"虫虫说。

每个成语都有它的来源，我们想记住这些成语，就要追根溯源。那么，我们如何利用"溯源法"记忆成语呢？

很多成语的实际意思与字面意思相差甚远，因此遇到不熟悉的成语时，我们不能随便猜测它的意思，一定要查阅工具书。

查阅工具书

我们查到成语的出处后，要认真阅读、记忆这个成语的来源。成语的来源包括寓言故事、神话故事、历史故事、古诗文、俗语等。

记住来源

我们要学以致用，把学过的成语运用到造句、作文中，这样我们就会对这个成语更加熟悉、理解，从而加深印象。

学以致用

注意成语的引申义或演变出的新词义

我们在利用"溯源法"记成语时，除了要记住成语的本意，还要记住它的引申义或演变出的新词义，活用成语。比如，"明目张胆"这个成语原本是指敢作敢为，但后来是指公开做坏事，我们要根据具体情况选择合适的语境来使用。

讲故事记成语

要想更快地记住成语，可以和同学们一起讲成语故事，在讲故事的过程中，我们能加深对成语的理解和印象。

多积累成语

我们想准确记住并使用成语，平时就要多看成语故事书，多积累成语。每天学习几个成语，积少成多，我们就会收获更丰富的知识。

3

"导图法"记文学常识

虫虫的记忆效率不高，所以他经常学习各种记忆小技巧。最近，他又学会了利用"导图法"记文学常识。这种方法真有效，连张小喵都赞不绝口！

"虫虫，你在画思维导图啊！"在虫虫家，张小喵发现虫虫正在练习本上画思维导图。

"嘿嘿，语文需要背诵的文学常识太多了，死记硬背的效率太低，所以我在尝试边画思维导图边背诵语文知识这种方法呢！"虫虫笑着说。

"你觉得这个方法效果怎么样？"张小喵问。

"还不错！我用气泡导图记忆'唐宋八大家'，很清楚。"虫虫笑着说。

"是很清楚，不过有没有可以记忆更多知识点的导图呢？"张小喵觉得这种气泡导图 归纳的知识点太少了。

"有啊，你看，这是我画的括号导图，能归纳好多知识点呢！"虫虫说着就把练习本翻到前一页，上面就画着一幅括号导图。

"哇，是宋代词人的两大流派 ！"张小喵看着导图说。

"对啊，这幅图把两大流派的主要思想、代表人物和作品都写清楚了。"虫虫看着导图说。

"如果我想画出唐朝的代表诗人 及其作品，该用什么导图呢？"张小喵又问。

"嗯，我推荐你使用时间轴导图 。"虫虫说。

"时间轴导图怎么画？你的练习本里有样例吗？"张小喵想看看这种导图的具体画法。

"没有 ，不过我可以现在教你。"虫虫翻开新的一页，准备用时间轴导图画一画唐朝的代表诗人和他们的诗歌作品。

"好呀！你快画给我看看 。"张小喵拍着手说。

"首先，你要画一个时间轴，标上时间段 ，然后相应地写上具有代表性的诗人和他的作品，这样就能清楚地知道唐朝各个时期的诗人及其诗歌作品了。"虫虫边画边说。

"你画得好棒呀！"张小喵竖起大拇指 说。

"导图有很多种，你可以自己查找资料学习一下，然后选择恰当 的导图。"虫虫说。

"好的，谢谢你的建议。"张小喵说。

　　作家及其代表作品、文学体裁等文学常识是语文科目必背的知识点，我们要想快速记住这些繁杂的知识点，可以使用"导图法"。那么，具体有哪些导图可以使用呢？

　　气泡导图是由中间的主题泡泡和周围的属性泡泡组成的。主题泡泡代表的是核心主题，属性泡泡里的内容是与主题泡泡相关的信息。 **气泡导图**

括号导图 括号导图就是借助大括号将相关内容或各知识点分出层次。

　　我们记忆与时间、事件相关的文学常识时，可以使用时间轴导图，这样记忆起来比较系统。 **时间轴导图**

要点提示

选择合适的导图

我们要根据具体内容选择合适的导图，这样整理知识点时才更轻松，背诵起来也更高效。

理清知识点之间的关系

我们画导图时，要理清相关知识点之间的关系，不能随意画关联线，生搬硬套地填写知识点。

每幅导图都要有中心主题

我们设置了中心主题后，才能从中心主题向四周分出各个分支主题，从而反映出导图中主题的主次关系。

可以用不同颜色的笔画图

画思维导图时，对重要的导图内容，我们可以用颜色鲜艳的笔描画。

4

"五步法"巧记现代文

张小喵的同桌记忆效率不太高，她背诵《白鹭》这篇课文用了两天 **2**，但还是不太熟练。张小喵告诉她一个新的记忆方法后，她很快就把这篇课文背诵下来了。这个记忆方法是什么呢？

"白鹭是一首精巧的诗。色素的配合，身段的大小，一切都很适宜。……"刚背了几句，张小喵的同桌就卡壳了，"接下来怎么又忘了呢？"

"你还在背诵《白鹭》 这篇课文吗 ？"张小喵问道。

"对呀，我都背了两天，还总是背了上段忘下段的！"同桌越想越生气。

"其实，你只要掌握了背诵技巧，就能很快把课文背下来。"张小喵告诉她。

"你有什么好的背诵技巧吗？"同桌问。

"比如，你要先熟读课文，然后提取重要内容，并根据重要内容的提示试着背诵课文，遇到不熟悉或想不起来的地方，要及时查阅课文，查漏补缺！"张小喵说。

"然后呢？"同桌又问。

"接下来，你要用总分总的方式背诵课文，先把全文背诵几遍，然后分段背诵，最后再整体背诵，这样会让我们记忆得更准确、更牢固。"张小喵认真地讲述道。

"好吧，我试一试这个方法。"同桌说着，就打开课本继续读课文，把全文的关键点都找出来写在练习本上。随后，她看着练习本上的内容提示，试着背诵课文。这个方法真有效，同桌成功地把整篇课文背诵了一遍，只有少许几个地方没记清楚。

同桌又对这篇课文进行分段背诵，还特别留意了自己没记清楚的几个地方，然后再进行全文背诵。这样重复了两三遍后，她就把整篇课文都熟练地背诵下来了。

"真是太感谢你了，我已经把《白鹭》这篇课文背诵下来了。"同桌高兴地对张小喵说。

"哈哈，不客气，这是你自己努力的结果。"张小喵摆摆手说。

"别谦虚啦，你可是我心目中的榜样 🥇 呢！"同桌笑道。

"我有时候背诵知识也非常慢，你有什么好的记忆方法也要告诉我啊！"张小喵说。

"没问题，咱们互相学习，一起进步 ！"同桌说。

学习有方法

我们想轻松背诵文章，就要掌握一些技巧，比如现代文记忆"五步法"。那么，这种方法该怎么操作呢？

第一步，通读文章，解决基本问题，比如字词的意思等，为背诵文章奠定基础。 **通读文章**

熟读并分析全文 第二步，熟读并分析全文，提取重要内容作为我们的记忆支点。

第三步，根据提取的重要内容对全文进行回忆，试着背诵。 **尝试背诵全文**

分层、分段背诵 第四步，分层、分段背诵，争取把每一句、每一段都背诵得一字不差。

第五步，全文背诵。我们熟练背诵每一句、每一段之后，就要对全文进行整体背诵，让段与段之间进行无缝连接。 **全文背诵**

要点提示

我们要在熟读课文的基础上加快诵读速度

加快诵读速度可以让课文在我们的脑中更连贯，从而强化记忆，提升背诵课文的效率。

我们可以调整背诵顺序

比如：先背诵简单的段落，再背诵难度大的段落；或者先背诵简短的段落，再背诵较长的段落；等等。

5

古文背诵小技巧

张小喵背诵古文时遇到了麻烦，这次反而是同桌教给她一种背诵古文的好方法，让她不到十分钟就攻克了难关。这到底是什么方法呢？

"敏而好学，不耻下问。嗯……嗯……"张小喵在背诵新学的课文《古人谈读书》。虽然这篇课文很短，但是她背诵起来却有些吃力，刚背了一句就卡壳了。

"知之为知之，不知为不知，是知也。……"张小喵还在努力地回想内容，同桌却已熟练地把剩下的内容都背诵出来了。

"哇，这次你背得这么快啊，是有什么诀窍吗？"张小喵问。

"我的诀窍就是多读、多看，看多了就熟悉古文的语言了。"同桌说。

"有没有更简单、更有效的古文背诵方法呢？"张小喵说。

"有啊，就是提示背诵法。"同桌说。

"提示背诵法？"张小喵没听过这种方法。

"就是把每一句话的前一两个字和最后一两个字写出来，根据这些字的提示背诵古文。咱们现在学的古文的句子很短，所以用这种方法特别有效！"同桌说。

"嗯，听起来不错，我要试一试。"张小喵赶紧拿出练习本，把这篇古文中每一句的提示字词写出来，然后开始尝试背诵，效率真的提高了。

过了一会儿，她已经把这篇古文背诵下来了。

"你说的方法真管用，我已经会背了！"张小喵高兴地说。

"祝贺你！不过你平时还要多读、多看古文。语文老师不是说过了吗，咱们以后上了中学，需要背诵的古文会更多，而且那些古文又长又难。"同桌认真地说。

"好吧，那咱们现在看哪些古文比较适合呢？"张小喵问。

"比如《论语》《三字经》等就很适合我们阅读。"同桌说。

"好的，那我就从《论语》开始读起来吧。"张小喵决定弥补自己在背诵方面的短板。

我们要想把古文背得又快又好，就要掌握一些小窍门。那么，背诵古文的窍门有哪些呢？

古文中有一些固定的句式，如疑问句、判断句、倒装句等，我们熟记这些句式，背诵古文时就会轻松很多。●

句式背诵法

●我们背诵古文时，可以将每一句的前两个字和最后一两个字抄写下来，然后根据这些提示字词背诵全文，这会减轻我们背诵的压力。

提示背诵法

古文的写作和现代文一样，都是有线索的，我们抓住文章的线索，理清全文的思路，就能降低背诵难度。●

线索背诵法

要点提示

多读古文，爱上古文

我们要想更加容易地背诵古文，就要多读古文，体会古文的语感和美感。古文的语言虽然拗口、难懂，但是只要我们认真体会、理解，就能发现其中蕴含的魅力，从而对古文、古典文化产生兴趣。

挑选适合我们阅读的古籍

我们读古文时，要挑选适合小学生阅读的，如《论语》等。这类古文的内容比较简单、有趣，可以激发我们的阅读兴趣。

第五章

记忆方法越好，你的
数学成绩就越棒

仔细研究并背下例题

虫虫做错了一道题，数学老师并没有告诉他错因，而是让他好好研究例题。起初，他还觉得有点儿委屈，但是在研究例题的过程中他不仅找到了错因，还巩固了新学的知识。原来，数学例题也是需要背的。

"虫虫，你在干吗呢？"一个男同学发现虫虫正在纸上画统计图。

"我在琢磨这道例题呢！我的画法到底和例题有什么区别啊？"虫虫纳闷儿地说。

"这个问题老师不是讲过了吗？"那个同学说。

"是呀，可是昨天的数学作业我做错了一道题，老师没有告诉我错因，只让我好好研究例题。"虫虫说。

"你做错的题目是什么？"那个同学又问。

"就是这道，给题目中的数据画统计图 ⬤ 。"虫虫指着作业本上的一道题说。

"你画的是什么？"同学看着那道题目问。

"我是用小方块 ▢ 表示这些数据的，一个方块代表'1'，多清楚呀！老师说我画得不对，但没有告诉我原因，只让我研究例题。"虫虫有点儿委屈 地说。

"哈哈，你的确需要研究例题！"同学也发现虫虫的问题是出在没搞明白例题上。

"好吧，我先把例题重新做一遍。"虫虫说着又开始看着例题画图了。过了一会儿 ，他发现了自己的问题：例题的要求是让画条形图。

"哦，原来是这么回事啊 Yes ！"虫虫拍了一下自己的脑门。

"你现在还觉得自己画的图正确吗？"这时，同学问他。

虫虫想了一会儿，说："我画的没有条形图 📊 那么简单明了，老师批改这道题目时，还得数一数我画的方块数量是否正确，真的有点儿麻烦。但最重要的是，我没弄明白题目的要求。"

"哈哈，你终于明白了 ！"同学笑着说，"你这是审题不仔细，更重要的是你没结合例题进行思考。你以后一定要仔细看题目的要求，还要把这个结论和自己思考的过程都记住，这样以后遇到类似的题目就不会出错了。"

"这种题目倒是好理解，可如果是解题步骤很麻烦的题目，我该怎么吃透并记住呢？"虫虫皱着眉头说。

"那还不简单，可以一遍遍地默写解题过程呀，直到完全不会出错为止。"同学说。

"哦，我知道了。真没想到，数学也要用到默写这种方法啊！"虫虫说。

"可不是嘛，只有将基本概念、公式和例题解法吃透、背熟，我们学起来才会更轻松。"同学说。

课本上的例题很重要，记住它们就相当于掌握了核心的解题方法。那么，我们应该怎样背例题呢？

我们背例题时，首先要充分理解题目，把题目中的各个条件、问题都分析清楚，彻底明白这道题所考察的知识点。

理解和分析题目

理解方法和原理

充分理解例题的解题方法和原理：一是听老师、同学讲解，二是看例题的解答过程，一定要保证掌握例题的每一个解题步骤。

我们要想完全把例题背下来，仅仅理解方法和原理是不够的，还要把解题过程一步不差地默写下来，这样才能巩固记忆。

默写解题过程

要点提示

背例题要用最短的时间背下来

有的同学背诵例题时很拖拉，一天也背不下来一道题，效率非常低。要想让自己的解题思路更流畅、准确，我们就要集中精力，在最短的时间内把例题背下来。

做同类练习题巩固记忆

我们要想真正记住例题，就要多做同类练习题，这不但能巩固相关的知识点和解题方法，还能锻炼我们举一反三的能力，让我们把数学学得更好。

2

把数学知识应用到生活中

小豆芽以为知识和生活是互不相关的，但在妈妈的引导下，他渐渐认识到知识和生活是密切联系的，他还学会了利用数学知识解决生活中的问题。

"妈妈，电热水壶里面为什么有一层白色的脏东西啊？"小豆芽看着电热水壶的内壁好奇地问妈妈。

"哦，那是烧热水时产生的碳酸钙等物质，用醋泡一泡就能去掉了。"妈妈轻描淡写地说。

"您好厉害呀，懂这么多东西呢！哇！"小豆芽十分佩服。

"哈哈，这是简单的化学知识，凡是学过的人都懂。"妈妈笑道。

"我也想学点儿化学知识帮您解决问题。"小豆芽说。

"知识来源于生活，你现在学的数学知识 $\pi \approx 3.1415926$ 也能解决生活中的问题啊！"妈妈告诉他。

"啊？真的吗？我怎么没感觉到呢？"小豆芽说。

"我们买东西时是不是就用到了加减乘除法呢？"妈妈问他。

"是啊，我每次去超市买东西时都要看看手里有多少零花钱。"小豆芽想了想说。

妈妈想了想说："我有个难题，需要你运用数学知识帮忙解决一下。"

"好呀，您说吧。"小豆芽说。

"我们公司有169人要去团建，一辆车能乘32个人，需要多少辆车呢？"

"这很简单啊，用除法就可以了，'169÷32'。"小豆芽得意地说。

"到底是多少辆呢？"妈妈问道。

"'5余9'，如果是5辆，那么会剩下9个人，所以应该是6辆。"小豆芽分析道。

"哦，是这样啊，你真是帮了我大忙呢！"妈妈笑着说。

得到了妈妈的夸奖，小豆芽很开心，他总结道："在用数学知识解决生活中的问题时，还要根据事实确定答案，否则就会闹笑话😆。"后来小豆芽运用除法➗做应用题时，总是认真分析题目，结合生活实际完善答案。

运用数学知识解决生活中的问题，能强化我们对数学知识的理解、记忆。那么，我们如何把数学知识应用到生活中呢?

分析问题中包含的数学知识。我们在生活中遇到问题时，要分析解决这个问题需要运用哪些数学知识，做到心中有数。 **分析问题**

得出答案 运用所学的数学知识得出答案。比如，我们要找到问题中包含的数量关系等，然后运用计算、测量等方式算出答案，并反复检查，看看自己是否有遗漏或者出错。

结合生活实际对答案进行完善。数学来源于生活，但比生活更抽象。我们利用数学知识解决生活中的问题时要结合生活实际，让答案更加符合事实。 **完善答案**

把知识和生活联系起来

我们学习和记忆数学知识时，要把知识与生活结合起来。比如，我们记忆分数知识点时，可以用切蛋糕、分糖果的情况来分析知识点；记忆平均数知识点时，可以把它和班级成绩的平均分、国民人均收入等联系起来。

总结经验和不足

我们把数学知识应用于生活中时，要及时记录自己的收获，总结自己的经验和不足。这样不但能帮助我们把事情做得更好，还能让我们把数学知识记得更牢。

3

学习画数学知识树

小豆芽很擅长用画知识树的方法背诵数学知识点。在他的指导 下，闹闹也开始用这种方法记忆数学 知识。那么，我们到底该怎么画知识树呢？

"小豆芽，你怎么在练习本上画了一棵树 啊？"闹闹看着小豆芽练习本上的图案好奇地问。

"这是一棵知识树哦！"小豆芽说。

"是长满知识的树 吗？"闹闹又问。

"哈哈，就是长满知识的树！我打算用它归纳和背诵咱们刚刚学过的数学知识呢！"小豆芽笑着解释说。

"可是，多位数乘以一位数没什么可归纳的呀，不就是乘法 运算吗？"闹闹纳闷儿地说。

"才不是呢，里面包含了很多知识点，我画 给你看。"小豆芽说着就开始在知识树上添加文字，而且边写边说，"咱们这个课时包含了三项内容：重点、难点和新知识点。重点是正确地进行运算，掌握口算、估算和笔算的方法；难点是连续进位的笔算乘法；新知识点是多位数乘以一位数的笔算，整十、整百数乘以一位数的口算，以及估算。"

"哇，你把知识点分得这么细啊！"闹闹觉得这简直不可思议。

"当然啦，我们只有理解、记住每一个知识点，才能把数学学得更好。"小豆芽认真地说。

"嗯，你说得有道理，我以后也要画知识树整理和记忆知识点。"闹闹说。

"你知道怎么画知识树吗？"小豆芽问他。

"不知道，不过我可以照着你的画，不就是一个树干加上几个枝杈和几片树叶吗？"闹闹说。

"哈哈，画知识树可没那么简单，你要根据知识点的多少画合适的树。"小豆芽告诉他。

闹闹嘟着嘴说："如果知识点很多，画什么树好呢？"

"画枝繁叶茂的大树。"小豆芽回答。

“如果知识点少呢？”闹闹又问。

“那就画简单的小树 或者果树 。”小豆芽说。

“好的，我知道了。”闹闹说。

“你还要注意给知识树分层 ，以区分哪些是重点，哪些是非重点。”小豆芽提醒道。

“我知道了，谢谢你的提醒 。”得到小豆芽的建议后，闹闹也开始画知识树来记忆知识点了。

利用知识树来梳理和背诵数学知识点非常有效。那么，我们该如何画知识树呢？

根据知识点的多少来确定画哪种知识树。比如，我们梳理一个单元或者整个学期的知识点时，要画层次多、枝权多的大树；梳理一个课时或者某个简单的知识点时，可以画层次少、枝权少的小树。 **确定画哪种知识树**

分出层次 知识树的分支要有层次。我们画知识树时，要给各个知识点分出层次，确保我们理解和背诵时更有条理。

知识树的内容要全面。把相关知识点都体现在知识树上，有助于我们更全面地认识知识，更系统地记忆知识。 **内容要全面**

区别展示知识树各层次的内容

我们在画知识树时可以用不同颜色的笔写不同层次的内容，或者用不同形状的树叶、枝杈表示不同层次的内容。这样可以让各个层次的内容有明显的区别，不仅更便于记忆，还可以让知识树更加美观。

知识树各层内容要简单易懂

我们用知识树梳理和记忆知识点时，既要全面地展示知识点，也要注意自己的用词。我们要用最精练、最核心的词描述知识点，这样可以节省很多文字，让知识树看起来更明了易懂。

4

"重点记忆法"记知识更容易

> 有个同学正在背诵三角形 ◁ 的面积计算公式，张小喵建议她试一试"重点记忆法"，说只要记住重点知识，其他相关知识就很容易记住。这个同学试了试，这种方法还真有效呢！

"三角形面积=底×高÷2 $S=\frac{1}{2}ah$。"教室里，有个女同学在背诵新学的知识点。

"其实，只要你背熟平行四边形 ▱ 的面积公式，其他图形的面积公式就不需要背诵了。"这时，张小喵在一旁说。

"啊？为什么？ Why？"这个同学眨眨眼问道。

"因为这些知识点是有联系的，只要知道其中一个，我们就能推导出其他几个知识点。"张小喵说。

"是吗？那你推导给我看看。"同学说。

"没问题。"张小喵拿出练习本，开始给同学演示。她说："你看，平行四边形的面积计算公式是S=ah，而与此平行四边形等底等高的三角形的面积相当于它的一半儿，所以，该三角形的面积计算公式是S=ah÷2。"

"真的啊！太方便了！"同学兴奋地拍着手说。

"你能根据平行四边形的面积公式推导出其他图形的公式吗？"张小喵问她。

"嗯，让我想一想。"同学歪着头思考了一会儿，然后说，"平行四边形是长方形的变形，它们的面积计算方法是一样的，所以长方形的计算公式也是S=ah，但a是长，h是宽。"

"太对了，就是这样！"张小喵称赞道。

"还有，正方形就是长和宽相等的长方形，所以它的面积计算公式也是S=ah，但a和h是相等的。"同学又说。

"不错！看，只要记住平行四边形的面积计算公式S=ah，我们不用背诵就能知道长方形、正方形和三角形的面积计算公式了！"张小喵总结道。

"对呀，我之前怎么没想到呢。"同学说，"对了，这种记忆方法叫什么呢？"

"它叫'重点记忆法' 。我们只要记住重点知识，举一反三，就能推导出其他相关的知识点了。"张小喵说。

"这种方法太适合用来背诵数学知识点了！"同学称赞道。

学习有方法

我们要想准确、迅速地记住数学知识点，可以采取"重点记忆法"来记忆。那么，这种方法怎么使用呢？

找到重点知识

我们要找到记忆的重点，并通过各种方式把它熟练地背诵下来。

进行推导

我们要对重点知识进行推导，从而记住与它密切相关的知识点。比如，我们知道：路程=速度×时间，就可以推导出：速度=路程÷时间，时间=路程÷速度。

围绕重点知识进行联想，记忆与它有联系的其他知识点。比如，我们知道乘法运算定律后，可以联想到除法运算定律，还会进行四则混合运算、小数的乘法和除法运算等。

进行联想

要点提示

配合思维导图使用

我们可以配合思维导图使用"重点记忆法",把重点知识当作导图的核心,然后边推导边画图,边联想边归纳,这样可以把知识记得更清楚、更有条理。

推导范围由小及大,全面覆盖

我们运用"重点记忆法"时,不是随便推导和联想,而是以重点知识为核心,逐渐扩大推导和联想的范围,这样我们才能推导和联想出更多相关知识点,从而把知识记得更全面、更系统、更牢固。

5

"自测记忆法"让我们记得更牢

坐在虫虫前面的女孩为了检测 自己对数学知识的记忆成果，就尝试了"自测记忆法"，自问自答。虫虫也想试一试，可是他不知道如何给自己出题目，就采用了这个女孩推荐的"复述自测法"，效果真的很好呢！

下课了 ，同学们在自由活动，坐在虫虫前面的女孩却在练习本上写东西。虫虫好奇地站在她旁边看着。

"你在写什么呢 ？"虫虫问道。

"我在给自己出题目呢。"女孩说。

"咱们有那么多练习题，你为什么还要给自己出题呢？"虫虫不解地问 。

"哈哈，我出的题目和练习题不一样 ，不信你看。"女孩说着，把自己的练习本拿给虫虫看。

"的确不太一样，这些题看起来像是你在检查自己的背诵成果。"虫虫看着女孩练习本上的题目说。

　　"你还真说对了，这是我正在尝试的新记忆方法——'自测记忆法'。"女孩说。

　　"可是，你怎么知道该出哪些题目呢？"虫虫好奇地问。

　　"自测的目的就是检验自己的记忆成果，所以我出的题目必须是重点、难点，而且要尽量全面地考察记忆过的内容，这样我才能找到自己记不准的地方。"女孩回答。

　　"你可真厉害！我就不知道该怎么给自己出题。"虫虫十分佩服女孩。

　　"其实'自测记忆法'还有很多技巧呢，你想学吗？"女孩问他。

　　"想学啊！我正想问你还有没有其他自测技巧呢！"虫虫笑着说。

　　"你可以试着复述记忆内容，用自己的话把记忆的知识讲述出来。如果能找一两个评委帮你指点，效果会更好。"女孩建议道。

　　"你当我的评委吧，我想检测一下昨天数学老师讲的知识我记住了多少。"虫虫说。

"没问题，我还没当过评委呢，正好趁着这个机会试一试！"女孩笑着说😃。

"我们在数学课上学了梯形▱。梯形是只有一组对边平行的四边形，如果它的两腰相等，那么它就是等腰梯形；如果它有一个直角，那么它就是直角梯形▱。"虫虫边回忆边说。

"你说得不错，不过还不够全面。比如，梯形的底是什么，腰是什么，高又是什么呢？"女孩听后提出了问题❓。

虫虫一时间回答不上来，只好翻开书继续记忆知识点。过了一会儿，他对女孩说："梯形的底分为上底和下底，就是平行的那两条边，短一点儿的是上底，长一点儿的是下底；腰是不平行的那两条边；高就是上底到下底的垂线的距离。"

"太棒了，你已经把梯形的知识点记得很清楚了！"女孩由衷地夸赞道。

学习有方法

"自测记忆法"就是自己测验自己的记忆成果。那么,"自测记忆法"具体该怎么做呢?

我们熟练掌握记忆材料后,可以尝试用自己的话把材料中的内容表述出来,这样既能锻炼自己的口才,也能加深记忆。 **复述记忆材料**

自问自答 我们要想测验自己的记忆成果,可以通过深入思考,从材料中提取关键问题、重点问题,然后自己做出准确、全面的回答,从而增强记忆。

就记忆材料中的内容与他人进行讨论,看看自己是否完全理解材料中的所有内容,是否有记错、漏记的地方,从而查漏补缺,强化记忆。 **与他人讨论**

严格要求

我们要严格对待自测环节，提高自测标准，不能掩盖自己的不足之处，否则就无法起到增强记忆的作用。

经常自测

自测的时间安排可以是定期的，也可以是临时的。以定期自测为例，我们可以每日测、每周测或每单元测等。

自测的方式可以灵活调整

除了口头自测以外，我们还可以尝试默写自测、做练习题自测、回想自测等。自测方式取决于我们的时间和状态。

第六章

记忆英语知识，
离不开五大方法

巧记词根词缀背单词

小豆芽教给闹闹一种神奇 的单词背诵法，让闹闹在很短的时间内就记住了好几个单词，比重复背诵、抄写 的方法有效多了。这种神奇的方法到底是什么呢？

"工人worker，工人worker……"闹闹在背诵单词呢，他读了好几遍也没记住。

"你这样背单词会很吃力的。"小豆芽告诉他。

"可是，老师说背单词就要多读 、多写啊 ！"闹闹说。

"多读、多写是很重要，不过我有一个更高效的背单词方法，你想学吗？"小豆芽故作神秘地问。

"当然想学啦 ！"闹闹十分期待地说。

"我的方法是'词根词缀记忆法'。"小豆芽放慢速度说。

"词根词缀是什么 ？"闹闹对他说的这个词很陌生。

"就是英语单词的结构啊！英语单词大多是由词根和词缀组成 的：词根就是决定单词的意思的部分，非常重要；词缀就是加在词根前面或者后面的英语字母 。如果能够记住这些词根词缀的意思，背单词就会特别轻松了。"小豆芽认真地讲述道。

"有点儿复杂，你能给我举个例子吗？"闹闹听得云里雾里 的。

"比如worker这个词，它的词根是work，work可以单独做单词，是'工作'的意思，后缀是er。"小豆芽说。

"teacher这个单词后面也有er。"闹闹插话说。

"对，在英语词根后面加上er一般表示'……方面的人'的意思。worker就是工人，teacher就是教师。"小豆芽说，"所以，背诵单词时我们不要把每个单词都当作独立的新词，而要根据'词根词缀法'来记忆 ，这样就好记多了。"

"每个单词都有词根和词缀吗？"闹闹又问。

"不一定。不过，多数单词都有词根和词缀。"小豆芽说。

"我们学过的pig这个单词，它有词根和词缀吗？"闹闹好奇地问 。

"pig本身就是词根，它没有词缀。"小豆芽说。

"如果给pig加上词缀，是不是也可以组成新的单词呢？"闹闹歪着脑袋思考着说。

"当然可以了！比如，我们给pig加一个后缀——ment，就得到了pigment这个单词，是颜料 、色素的意思。"小豆芽说得越来越起劲儿。

"可是，这些知识你是怎么知道的呢？"闹闹不可思议地问。

"哈哈，我是从英语词典 上看到的！"小豆芽笑道。

"词根词缀记忆法"该怎么操作呢？

英语单词由词根、词根加前缀、词根加后缀或者词根加前缀和后缀组成。词根是单词的核心部分，可以单独做一个词；加在词根前面的是前缀，能改变单词的意思；加在词根后面的是后缀，能改变单词的词性。**分析单词的结构**

总结单词前缀 前缀有很多类，比如，表示否定或相反等意义的前缀有un、in、non等，表示尺寸或程度的前缀有semi、mini、mega等。

比如，看见后缀er、or、ist就可能会想到 **总结单词后缀** 与人物、物品等相关的名词。

借助趣事记忆 有的单词在演变的过程中发生过一些趣事等，根据这些信息记单词，记忆效率会更高。

要点提示

总结词缀

我们在遇到熟悉的词缀时，可以把已经学过的或与这个词缀有关的词都总结出来，这样可以很好地复习旧词、学习新词。

理解记忆

我们背词根和词缀时不要死记硬背，要根据单词的意思对词根和词缀进行理解记忆、分类记忆，这样记忆效率会更高。

根据语境背单词

单独背诵单词难度较大，如果把单词放入相关的语境中，记忆起来就会轻松许多。所以，我们在记忆单词时，还要把单词放在句子、短语或者对话中进行分析、理解。

2

理解+运用，助你轻松记语法

虫虫背语法知识时经常背得头晕脑涨 ◎◎，表姐张小喵告诉他一些好方法，从此他不用死记硬背就能掌握 语法知识了。

周末，虫虫和表姐张小喵一起写作业。

"名词性物主代词有七个 **seven**，分别是mine、yours、his、hers、its、ours、theirs；形容词性物主代词有七个，分别是my、your、his、her、its、our、their。"虫虫正闭着眼睛背诵着新学的英语语法知识。

"语法知识不能死记硬背，否则你会很辛苦的。"这时，坐在他旁边写作业的张小喵说。

"那我该怎么背呢？"虫虫背了半天，头都疼了。

"当然是理解着背诵啊！"张小喵说，"比如，你要一边读例句一边背语法，这样才能记得更清楚。"

"哦，我懂了。"虫虫说，"'This is my pen.（这是我的钢笔。）'中，'my'是形容词性物主代词，后面需要加名词'pen'，而且名词前面不可以加冠词。'The pen is mine.（这支钢笔是我的。）'中，'mine'是名词性物主代词，后面不能加名词。"

"哈哈，你真是'孺子可教'！"张小喵拍着手称赞道。

"太好了，原来背诵语法知识也没那么难嘛！"虫虫高兴地说。

"不过，要想把语法知识记得更牢，不能光靠阅读和理解。"这时，张小喵又补充说。

"那还要靠什么？"虫虫问。

"靠做题和写作啊！只要你能把学过的语法知识运用到习题或者作文中，就说明你已经记住这些语法知识了。"张小喵说。

"哦，我现在就用物主代词造句！"虫虫说着就拿出英语练习本，开始造句。他在本子上写下"I have a new friend. She's tall and thin. Her name is Lucy. The book is hers.（我有一个新朋友。她又高又瘦。她的名字叫露西。这本书是她的。）"这几句话。

"看，我写的这几句对吗？"虫虫把在练习本上造好的句子递给张小喵看。

"嗯，非常正确。看来你已经会使用物主代词了！"张小喵看着练习本上的句子说。

"对了，为了学好语法，我还买了一本语法书呢。你觉得背诵语法书上的知识有用吗？"虫虫问道。

"语法书可以经常看，但不能死记硬背。"张小喵想了想说。

"我明白了，谢谢你的提醒！"虫虫笑着说。

英语语法知识有些复杂，我们怎样才能把它们记清楚呢？

英语的句子结构主要有三种：简单句、并列句和复合句。以简单句为例，基本句型有五种，分别是主语+谓语、主语+谓语+宾语、主语+谓语+间接宾语+直接宾语、主语+谓语+宾语+宾语补足语、主语+系动词+表语。 ● **掌握基本句型**

分析句子的语法 ● 我们要在阅读中分析语法，把语法和语境联系起来理解，这样能更好地记住语法知识。

我们要勤写作，把学过的句型、句式等知识运用到写作中，从而加深对语法知识的理解，强化记忆。 ●

把语法用于实践

要点提示

平常要注意归纳和总结语法知识

　　记忆语法知识，要注意归纳和总结，这样才能构建语法知识框架。例如，遇到答错的语法题，我们要把它总结在错题本上，经过认真思考后记住正确表述。老师讲语法知识时，我们也要把知识点记在笔记本上，便于课后复习记忆。

把语法记忆和听说练习相结合

　　有的同学认为，语法记忆只需要读、写和思考，不需要听说练习，这种想法是不对的。其实，多听、多读英语更有利于锻炼我们的语感，语感提升了，我们的语法知识也会记得更牢。

3

听自己的录音记得快

张小喵想尝试一种更好玩儿、更轻松的记忆方法，妈妈向她推荐了"听录音 记忆法"。张小喵起初有点儿排斥，但尝试之后就爱上了这种方法。让我们一起来看看这种方法的魅力吧！

晚上 ，张小喵写完作业后和妈妈聊天 。

"妈妈，有没有不用看书也能背诵知识的方法啊？"张小喵忽然想到这个问题。

"有啊，不过你可能不会喜欢 。"妈妈说。

"怎么会呢，您快说说是什么方法？"张小喵好奇地问 。

"这种好玩儿的记忆方法叫'听录音记忆法'。"妈妈说。

"是听着录音背诵吗？"张小喵问 。

"是的，不过要听你自己的录音 。"妈妈说的时候还特意给"自己"两个字加了重音 。

"听我自己的录音？那……可能有点儿尴尬吧！"张小喵有点儿排斥这个方法。

"这种方法很有效的，既能让你把英语知识记得更快、更牢，还能纠正你的发音呢！"妈妈告诉她。

"真的吗？那我试试吧！"张小喵心动了 。

"今天英语有背诵作业吗？"妈妈问道。

"有，要背诵一个小故事。"张小喵回答。

"那我们就从这个小故事开始吧，尝试边听录音边背诵。"妈妈建议道。

"好。"张小喵说着马上开始行动 。她先把课本上的英语小故事读了几遍，确保录音时不会读错或磕巴，然后才开始用手机 录自己读课文的声音。

故事读完了，张小喵又鼓起勇气把自己的录音从头到尾听了一遍，然后嫌弃 地说："听起来好别扭啊！"

"哈哈，没事儿！"妈妈笑着说，"接下来你要反复听自己的录音，还可以跟着读 ，这样效果会更好。"

"嗯，好吧。"张小喵说。

听了几遍 之后，张小喵渐渐习惯了自己的声音，对故事内容也更熟悉，一会儿就把整个小故事背诵下来了。

"妈妈，您说得真对 ，听自己的录音真的能提高 记忆效率！"张小喵兴奋地说。

"以后，你可以经常用这种方法来背诵英语知识。"妈妈说。

"我已经爱上 这种记忆方法了，真是又方便又好玩儿啊！"张小喵笑道。

学习有方法

　　要想记住更多的英语知识，我们可以多听自己的录音，以刺激我们的听觉，提高记忆效率。那么，这种方法该怎么操作呢？

　　录音之前，我们先把要录音的内容熟读几遍，确保自己的发音是准确的，录入的内容是流畅的。● **熟读内容**

● 录音时要放轻松自己，把英语单词、短语、句子或课文用自然、清晰的声音读出来。

放松下来再录音

　　集中注意力反复听自己的录音，而且要边听边跟读，让口、耳、大脑一起工作，来提升记忆效率和口语水平。●

反复听读录音

加快录音的播放速度

听自己的录音时，如果内容比较熟悉，我们可以适当加快播放速度，这样容易刺激我们的听觉，让我们对听到的内容产生深刻的印象，从而加深记忆。

控制好录音时间

录音时，我们选择的内容不要太长或者太短，录音时间为三四分钟即可，这样就不会让我们在记忆时有过多压力。

用零碎时间听录音

听自己的录音时，我们不用特意拿出大段时间，利用零碎时间听就可以，比如饭前饭后、睡前醒后等，而且要反复听、坚持听，这样才能提高记忆效率，并纠正我们的英语发音。

4

"情景小剧法"轻松背课文

张小喵在尝试一种新的记忆方法——"情景小剧法"。她把一篇英语课文 ABC 改编成情景剧，还和邻居闹闹分角色表演，不一会儿他们就把这篇课文背下来了。她和闹闹都非常喜欢 这种记忆方法。

放学回家后，张小喵就像"戏精"上身一样，一会儿学小熊 说话，一会儿又模仿松鼠 说话，表情十分生动，把妈妈逗得哈哈大笑 。

"哈哈，你一个人在表演什么呢？"妈妈问道。

"我在为背诵英语课文做准备啊！"张小喵说。

"怎么，今天要背诵情景剧吗？"妈妈好奇地问 。

"嘿嘿，我把一篇英语课文改编成了一部情景剧，我想一边表演 一边背诵课文，这样不是更好玩儿吗？"张小喵笑着说。

"嗯，你这个主意不错💡，我太想继续欣赏你的表演了！"妈妈说。

"没问题，我正好缺少一个观众🧍呢！"张小喵巴不得妈妈观看自己的表演。这时，邻居闹闹来了，他也想看看张小喵的表演。

张小喵赶紧清清嗓子，准备说台词。她先模仿小熊的声音说"I'm hungry.（我饿了。）"，然后模仿松鼠的声音说"What would you like to eat?（你想吃点什么？）"，接着又模仿小熊的声音说"I'd like a salad.（我想要一份沙拉。）"……她一边说台词，一边做出剧中角色的动作🧍和表情😊，表演得十分认真、生动有趣。

"真是太棒了 WOW！"张小喵表演结束后，妈妈和闹闹为她鼓掌👏，闹闹还兴奋地提议说："我能和你一起表演吗？"

"当然可以啦！这样就更有趣了！你想演松鼠还是小熊？"张小喵笑着问👧？。

"我演小熊吧。"闹闹说。

"好，这是你的台词📓，你先熟悉一下。"张小喵把英语书递给闹闹。

闹闹有些单词不会读，张小喵就教他发音 [ɔː] [iː]。闹闹把台词熟悉几遍后，就和张小喵一起表演情景剧了。他们你一言我一语，玩儿得非常高兴。

"好，现在咱们交换角色吧。"张小喵提议。

"为什么？我挺喜欢小熊这个角色的。"闹闹说。

"可是我也想熟悉熟悉小熊的台词啊，这样才能把整篇课文都背诵下来。"张小喵解释道。

"哦，明白了！"闹闹笑着答应了，不过，他也要花点儿时间熟悉松鼠的台词。

之后，他们交换角色表演了几遍。没花多长时间，张小喵和闹闹都能准确背诵这篇英文课文了。

"哈哈，闹闹，你可真棒！"张小喵说。

"嘿嘿，我连五年级5的英语课文都能背诵了，明天我可要告诉小豆芽！"闹闹兴奋地说。

学习有方法

　　把课文编成情景剧，一边表演一边记忆，这样背诵效率会更高。那么，该如何把课文编成情景剧呢?

　　要熟读课文、分析课文，把角色、故事情节等整理清楚。 **熟悉课文**

改编台词 把课文内容编写成台词，但对语句不要有较大的改动，以免影响背诵效果。

　　找同学配合演出，让每个人在表演的过程中以讲台词的方式记住课文内容。 **配合演出**

交换角色表演 轮流交换角色表演，让大家把每个角色的台词都背诵一遍，这样能使大家都会背课文。

要点提示

一人分饰多个角色

　　如果课文较短，或者在家里背诵课文时，我们可以一个人分饰多个角色，在角色转换中享受背诵英语课文的乐趣。

不是所有的课文都适合改编成情景剧

　　一般而言，角色较多的课文、情节跌宕起伏的课文、对话式的课文都适合改编为情景剧，但人物单一、没有情节的课文就不适合改编了。

表演要认真投入

　　无论是一人分饰多角，还是几个人合作一部情景剧，我们都要投入感情、认真表演。这样既能深刻记住课文的内容，也能让我们体会到英语的美感，对学习英语大有裨益。

"翻译法"学、记英语更高效

　　张小喵又尝试了一种新的记忆英语知识的方法——"翻译法" **one**＝**一**。她独立翻译了一些简单的英文作品，不但把学过的英语知识掌握得更牢固了，还记住了很多新单词呢！

　　这天，闹闹、小豆芽、虫虫都在张小喵家学习。张小喵对着一本书，看一会儿写一会儿，十分专注。闹闹看了看张小喵的书和本，惊讶地发现：她正在翻译一本英文书！闹闹睁大眼睛说："天啊，你居然在翻译英文书啊！"他的声音很大，把虫虫和小豆芽都吸引过来了。

　　"哈哈，把英文翻译成中文能让我把英语知识记得更牢。"张小喵说。

　　"姐姐，你真是太厉害了！"小豆芽和虫虫听了，都对她竖起了大拇指。

"其实你们也能做到。"张小喵说，"比如这本《在月亮下面》（*Under the Moon*），是英国作家罗伊纳·阿金耶米创作的一部科幻小说，生词量只有300个左右，很适合咱们小学生阅读、翻译。我妈妈说，只要我能顺利地把这本书翻译出来，就可以牢牢地掌握小学阶段的英语知识了。"

"真的吗？那我也要试一试！"小豆芽迫不及待地说，"姐姐，你能给我推荐几本英文小说吗？"

"我帮你找一找我妈妈列的作品清单。"张小喵拿出一本小本子，上面记录着小学生可翻译的几本英文作品，然后问小豆芽，"你觉得《苏格兰玛丽女王》怎么样？讲的是一个女王的故事。"

小豆芽想了想，说："听起来我比较感兴趣，我试着从这本书开始吧！"

虫虫和闹闹也嚷嚷着让张小喵给他们推荐书目，张小喵根据他们的英语水平推荐了合适的英文作品。

后来，小豆芽、虫虫和闹闹分别用自己的零花钱买了张小喵推荐的英文作品，尝试把它们翻译成中文。可是没多久他们就遇到了困难，小豆芽失落地找张小喵求助。

"这些单词我都不认识，怎么办啊？"小豆芽对张小喵说。

"你继续往下翻译，等把一小段内容都翻译完，再查这些不认识的单词。"张小喵建议道。

"好吧。"小豆芽决定试试这个方法。他静下心来，用自己学过的英语知识继续翻译这本书，等翻译完一小段后，他才拿出工具书查找自己不会的单词和语法知识。

"是不是没有那么难？"张小喵问他。

"是的，虽然有些词不认识，但这并不影响我对这段内容的理解。"小豆芽高兴地说。他还把这个方法教给了虫虫和闹闹。

翻译了一段时间后，小豆芽他们几个发现自己掌握的单词越来越多了，很多语法知识也记得更牢了，都高兴极了。

学习有方法

我们要想学好英语，可以尝试"翻译法"。那么，我们如何使用这种方法才更有效呢？

翻译的内容不能太深奥，材料中的英语词汇、语法知识等要接近我们的英语水平。 **找翻译材料**

独立翻译 在翻译的过程中尽量做到一气呵成，遇到不懂的单词、语法时，可以先做上记号，等翻译结束后再解决。

将自己在翻译过程中遇到的问题通过工具书来一一查证解决并做好记录，以便日后复习。 **多使用工具书**

做翻译总结 看看自己掌握了哪些英语知识，还存在哪些不足，如何弥补提升，等等。

要点提示

从经典英文著作中寻找翻译素材

我们可以挑选经典英文著作中一些完整的小片段进行翻译，这样既能让我们在翻译过程中记忆英语知识，还能提升我们学习英语的兴趣。

也可以把中文材料翻译成英文

除了把英文材料翻译成中文之外，我们也可以尝试把中文材料翻译成英文，这样更能考验我们对英语知识的记忆效果。

注意中英文语法的不同

在使用"翻译法"记忆英语知识时，我们要考虑中英文语法的区别，不能把中文的语言习惯用到英文中。

口译也对学习英语有帮助

我们还可以尝试口译，和同学们互相出题目、互相翻译，不但能巩固英语知识，还能锻炼短时记忆能力和反应能力。